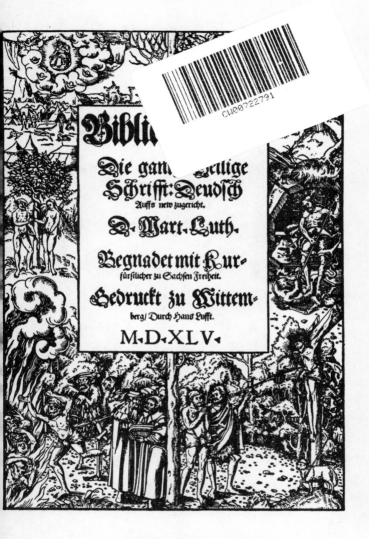

Biblia

Die gantze heilige
Schrifft: Deudsch
Auffs new zugericht.

D. Mart. Luth.

Begnadet mit Kur-
fürstlicher zu Sachsen Freiheit.

Gedruckt zu Wittem-
berg/ Durch Hans Lufft.

M·D·XLV·

Titelblatt der Lutherbibel
›Ausgabe letzter Hand‹ 1545

Kleine Vandenhoeck-Reihe 1550
Luthers Vorreden zur Bibel

V&R

Luthers Vorreden
zur Bibel

Herausgegeben von
Heinrich Bornkamm

V&R

VANDENHOECK & RUPRECHT
IN GÖTTINGEN

Heinrich Bornkamm

Geboren 1901, Studium der evangelischen Theologie in Jena, Tübingen und Berlin, dort 1923 Promotion, 1924 Habilitation. Privatdozent in Tübingen (1924–1927), o. Professor der Kirchengeschichte in Gießen (1927–1935), Leipzig (1935–1945) und Heidelberg (seit 1948). Mitglied und Präsident (1958–1960) der Heidelberger Akademie der Wissenschaften; Vorsitzender des Vereins für Reformationsgeschichte (1949–1976). Gestorben 1977.

Veröffentlichungen (in Auswahl): Luther und Böhme (AKG 2, 1925); Das Wort Gottes bei Luther (1933); Luthers geistige Welt (1947, 4. Aufl. 1960); Luther und das Alte Testament (1948); Grundriß zum Studium der Kirchengeschichte (1949); Die Staatsidee im Kulturkampf (1950, Neudr. 1969); Luther im Spiegel der deutschen Geistesgeschichte (1955, 2. erw. Auflage 1970); Einkehr. Rundfunkbetrachtungen (1958); Das Jahrhundert der Reformation. Gestalten und Kräfte (1961, 2. erw. Auflage 1965; Neudr. 1983); Luther. Gestalt und Wirkungen (Schriften des VRG Nr. 188, 1975); Martin Luther in der Mitte seines Lebens (aus dem Nachlaß hg. v. Karin Bornkamm, 1979).

CIP-Titelaufnahme der Deutschen Bibliothek

Luther, Martin:
[Vorreden zur Bibel]
Luthers Vorreden zur Bibel / hrsg. von Heinrich Bornkamm.
[Neu durchges. von Karin Bornkamm]. – 3. Aufl. –
Göttingen : Vandenhoeck u. Ruprecht, 1989

(Kleine Vandenhoeck-Reihe ; 1550)

ISBN 3-525-33564-4

NE: Bornkamm, Heinrich [Hrsg.]; Luther, Martin: [Sammlung]; GT

Kleine Vandenhoeck-Reihe 1550
3. Auflage
© 1989, Vandenhoeck & Ruprecht in Göttingen. – Printed in Germany. –
(Neu durchgesehen von Karin Bornkamm.)
Die Erstauflage von *Luthers Vorreden zur Bibel,* herausgegeben von Heinrich Bornkamm, erschien im Furche Verlag, Hamburg 1967.
Umschlag: Hans-Dieter Ullrich
Satz: Otto Gutfreund, Darmstadt
Druck und Bindung: Verlagsdruckerei E. Rieder, Schrobenhausen

INHALT

Einführung 11

Vorreden zum Alten Testament

Vorrede auf das Alte Testament (1523) 41
Vorrede über das Buch Hiob (1524) 59
Erste Vorrede auf den Psalter (1524) 61
Zweite Vorrede auf den Psalter (1528) 64
Nachwort zum Psalter (1525) 70
Nachwort zum Psalter (1531) 71
Dritte Vorrede auf den Psalter (1545) 72
Vorrede auf die Bücher Salomonis (1534) 74
Vorrede auf die Sprüche Salomonis (1524) 77
Vorrede auf den Prediger Salomo (1524) 79
Vorrede auf die Propheten (1532) 81
Vorrede auf den Propheten Jesaja (1528) 91
Vorrede über den Propheten Jeremia (1532) 98
Erste Vorrede auf den Propheten Hesekiel (1532) . . . 101
Zweite Vorrede auf den Propheten Hesekiel (1541) . . 102
Vorrede über den Propheten Daniel (1530) 111
Vorrede auf den Propheten Hosea (1532) 125
Vorrede auf den Propheten Joel (1532) 127
Vorrede auf den Propheten Amos (1532) 128
Vorrede auf den Propheten Obadja (1532) 130
Vorrede auf den Propheten Jona (1532) 132
Vorrede auf den Propheten Micha (1532) 133
Vorrede auf den Propheten Nahum (1532) 134
Vorrede auf den Propheten Habakuk (1532) 136

Vorrede auf den Propheten Zephanja (1532).   137
Vorrede auf den Propheten Haggai (1532).   138
Vorrede auf den Propheten Sacharja (1532)   140
Vorrede auf den Propheten Maleachi (1532)   141

Vorreden zu den Apokryphen

Vorrede auf das Buch Judith (1534)   147
Vorrede auf die Weisheit Salomonis (1529)   149
Vorrede aufs Buch Tobia (1534)   154
Vorrede auf das Buch Jesu Sirach (1533).   156
Vorrede auf das Buch Baruch (1534)   158
Vorrede auf das erste Buch der Makkabäer (1533) . . .   159
Vorrede auf das zweite Buch der Makkabäer (1534) . .   162
Vorrede auf die Stücke zu Esther und Daniel (1534) . .   162

Vorreden zum Neuen Testament

Vorrede auf das Neue Testament (1522).   167
Welches die rechten und edelsten Bücher des
Neuen Testaments sind (1522)   173
Vorrede auf der Apostel Geschichte (1533)   174
Vorrede auf die Epistel S. Pauli an die Römer (1522) . . .   177
Vorrede auf die erste Epistel S. Pauli an die
Korinther (1530)   196
Vorrede auf die zweite Epistel S. Pauli an die
Korinther (1522)   200
Vorrede auf die Epistel S. Pauli an die Galater (1522). .   201
Vorrede auf die Epistel S. Pauli an die Epheser (1522) .   202
Vorrede auf die Epistel S. Pauli an die Philipper (1522).   203
Vorrede auf die Epistel S. Pauli an die Kolosser (1522) .   203
Vorrede auf die erste Epistel S. Pauli an die
Thessalonicher (1522)   204

Vorrede auf die zweite Epistel S. Pauli an die
Thessalonicher (1522) 205
Vorrede auf die erste Epistel S. Pauli an
Timotheum (1522) 206
Vorrede auf die zweite Epistel S. Pauli an
Timotheum (1522) 208
Vorrede auf die Epistel S. Pauli an Titum (1522) 208
Vorrede auf die Epistel S. Pauli an Philemon (1522) . . 209
Vorrede auf die erste Epistel S. Peters (1522) 210
Vorrede auf die zweite Epistel S. Peters (1522). 211
Vorrede auf die drei Episteln S. Johannis (1522) 212
Vorreden auf die Epistel an die Hebräer (1522) 214
Vorrede auf die Episteln S. Jacobi und Judae (1522) . . 215
Erste Vorrede auf die Offenbarung S. Johannis (1522) . 218
Zweite Vorrede auf die Offenbarung
S. Johannis (1530) 220

EINFÜHRUNG

Wie Luther den Psalter »eine kurze Biblia« genannt hat, in der wir »fast die ganze Summa, verfasset in ein klein Büchlein«, besitzen, so möchte man seine Vorreden zur heiligen Schrift eine kurze Summe seiner ganzen Theologie nennen. Sie sind es zwar nicht im Sinne eines schulmäßigen Lehrauszugs, sowenig der Psalter ein systematischer Extrakt aus der Bibel ist. Aber wenn Luthers Theologie Schrifttheologie oder genauer: Einübung in das Evangelium sein wollte, so müssen die Einleitungen, die er mit viel Liebe und Sorgfalt den beiden Testamenten und den einzelnen biblischen Büchern voranschickte, auf besondere Weise in den Kern und in die Ausstrahlung seiner Theologie einführen. Andere »Summen«, die er von ihr gegeben hat, behalten daneben ihr volles Recht und ihre Bedeutung. Aber sie unterliegen bestimmten Formgesetzen: den überlieferten Unterrichtsstücken (die beiden Katechismen, 1529), der trinitarischen Struktur der altkirchlichen Bekenntnisse (sein schönes Bekenntnis im Anhang zu der Schrift »Vom Abendmahl«, 1528), theologischen Kontroversfragen der Zeit (die Schmalkaldischen Artikel, 1537), um nur die bekanntesten zu nennen. Allein die Vorreden haben die Form der Bibel selbst: ihren historischen Tiefenraum, ihre unerschöpfliche Vielfalt, ja ihre Spannungen, ihr farbiges Einzelleben, in dem die Geschichte zwischen Gott und der Menschheit sich abspielt, und über der Fülle ihre Einheit, die sie zum Buch der Christenheit macht. Hier ist Luthers Schriftverständnis, reich und lebendig wie sonst nirgends, ausgebreitet.

Daraus erhellt, welch ein Schatz für uns vergraben liegt, seit wir Luthers Vorreden weder in der Bibel noch in Einzelausgaben mehr zur Hand haben, sondern nur noch in den mancherlei Sammlungen seiner Werke. Niemand wird von ihnen wissenschaftliche Einführungen nach dem Stande der heutigen Forschung erwarten, obwohl sie das für ihre Zeit z. T. durchaus sein wollten und manchmal den Lesern nicht ganz wenig an historischem Material und kritischen Problemen zumuteten. Aber das Wesentliche an ihnen ist nicht zeitgebunden: das gespannte Hören auf die Botschaft der einzelnen biblischen Bücher, der scharfe Blick für die Eigenart des jeweiligen Schriftstellers, das Empfinden für das wahrhaft Menschliche, das sich auf allen Stufen dieser Literatur nahezu eines Jahrtausends widerspiegelt, und die Ehrfurcht, mit der er alle Fäden dieses unermeßlichen Geschehens in den Händen Gottes zusammenlaufen sieht. Mit welcher Beteiligung des Herzens und der Sinne er sich der Aufgabe, die er sich gestellt hatte, hingab, sieht man an dem untrüglichen Kennzeichen, daß sich Kostbarkeiten deutscher Prosa darin finden (z. B. in den Vorreden zum Psalter, 1528, und zum Römerbrief, 1522).

I

Einführungen zu den Schriften der Bibel gibt es fast so lange, wie es Sammlungen der biblischen Bücher gibt. Die abendländische Überlieferung, in der Luther stand[1], war beherrscht von den Prologen, die Hieronymus, der Schöpfer der Bibelübersetzung der römischen Kirche (der Vulgata), einer Reihe von biblischen Schriften mitgegeben und

---

1 Sie ist dargestellt in der Heidelberger Dissertation von Maurice E. Schild, Abendländische Bibelvorreden bis zur Lutherbibel, Gütersloh 1970.

die man später durch Stücke aus seinen übrigen Werken ergänzt hatte. Ihm lag vor allem daran, das Recht seiner Übertragung gegenüber der altlateinischen zu verteidigen, zumal den Rückgriff auf den hebräischen Urtext an Stelle griechischer Übersetzungen, wie der Septuaginta. Damit taucht ein Problem auf, das auch später immer wieder zum Motiv von Bibelvorreden geworden ist. Es stellt Hieronymus an die Seite des Übersetzers Luther, – nur daß dieser es nie zum Gegenstand seiner Vorreden gemacht hat. Daneben interessieren Hieronymus vor allem biographische Notizen über die einzelnen Schriftsteller, die Zeitumstände, unter denen sie schrieben, oder Angaben über die Entstehung der biblischen Bücher; z. B. die Frage, warum es nur vier Evangelien gibt (er weiß von vielen anderen apokryphen). Die schon ältere symbolische Beziehung auf die vier Gestalten in der Berufungsvision des Hesekiel (Kap. 1) und in der Thronvision der Offenbarung des Johannes (Kap. 4) wird bei Hieronymus zum Glanzstück des figuralen, in Christus gipfelnden Zusammenhanges der Bibel. Dagegen ist vom Inhalt der biblischen Schriften kaum die Rede. Und der Leser taucht nur in der Gestalt eines Freundes auf, den Hieronymus (in einem freilich nicht als Prolog gedachten, sondern später so verwendeten Brief) bewegen will, die Welt zu verlassen und sich mit ihm als Mönch in Bethlehem dem Bibelstudium hinzugeben.

Was bei Hieronymus fehlte – und zwar vor allem zu den paulinischen Briefen –, hat die Kirche aus anderen Quellen in die Vulgata eingefügt. Sie ahnte nicht, was sie tat: es sind samt und sonders Vorreden häretischen Ursprungs. Damit stoßen wir auf das zweite Kontingent, das die Tradition der abendländischen Bibelprologe bestimmt. War der Philologe Hieronymus fast ausschließlich daran interessiert, die Notwendigkeit seiner neuen Übersetzung zu begründen und den Lesern allerlei Fakten zur Geschichte der Bibel und ihrer Schriftsteller mitzuteilen, so ließ es sich eine Reihe bekannter, von der Kirche als Häretiker verurteilter Männer nicht entgehen, ihre Lehren an dieser wirkungsvollen Stelle in die Bibellektüre einsickern zu lassen. So stammten, wie man erst in unserem Jahrhundert erkannt hat, die sachlich knappen Einleitungen zu den Paulusbriefen aus der Schule des Erzketzers Marcion. Was man darin mit Erbauung über den Kampf gegen »falsche Apostel« las, richtete sich in Wahrheit gegen die römische Kirche, welche die Christenheit wieder »zum Gesetz und den Propheten« zurückgeführt habe. In schroffem Gegensatz zu diesem radikalen Paulinismus Marcions stand eine andere Gruppe ausführlicher Prologe. Sie kamen, ohne daß man es wußte, aus der Feder des Pelagius, des unzählige Male verdammten Gegners Augustins, und betonten den Zusammenhang von Altem und Neuem Testament, gleichsam als der beiden Gesetzestafeln. Die Gemeinden, an die Paulus schrieb, werden nach dem Bild der sittlichen Vollkommenheit abgestuft, das man aus den Briefen von ihnen erhält. So erfährt der Bibelleser eine ganze Menge, Wahres und Konstruiertes, vom Leben der urchristlichen Gemeinden, aber nichts vom Evangelium.

Theologische Belehrung dagegen vermittelten vier aus der altlateinischen Bibel übernommene Einzelprologe zu den Evangelien, für die neben dem Gesamtprolog des Hieronymus noch Bedarf war. Aber auch ihnen war unauffällig häretisches Gedankengut beigemischt. Die stark betonte Christologie war »monarchianisch«: sie ignorierte die Unterscheidung der Personen des Vaters und des Sohnes. Und die Prologe zogen auch die praktische Konsequenz für den Christen: Er sollte es dem nicht im Fleisch lebenden Herrn gleichtun und streng asketisch leben, um den Geist zu empfangen. Das war die Lehre des Sektenhauptes Priscillian. Man hat erst in neuester Zeit erkannt, daß diese

Prologe von ihm stammen. Sie standen aber friedlich in der Bibel der Kirche, die 385 seine Hinrichtung herbeigeführt hatte. Immerhin halfen sie in ihrer Weise dazu, die Christusfrage als die Mitte der Bibel einzuprägen.

Zu diesen Hauptgruppen kam in den Bibelhandschriften des Mittelalters eine Menge von Einzelprologen hinzu, bezeichnenderweise besonders viele zu der schwierigen Johannes-Offenbarung. Außerdem gab es eine Fülle von Stücken (man hat über 800 gezählt), die nicht in den Hauptstrom der Tradition einmündeten. Dieser tritt dann wieder in den ersten Druckausgaben zutage. In der ersten gedruckten Bibel von Gutenberg (1455) ist die Auswahl noch ziemlich streng auf das klassische Gut beschränkt. Dagegen enthält der von Luther benutzte Vulgatadruck (Lyon 1512) so ziemlich alles Wichtige, was es an Vorreden gab.

II

Als Luther seine Bibelübersetzung mit Vorreden ausstattete, übernahm er also eine seit früher Zeit in der Kirche bestehende Gewohnheit. Erst aus dem Vergleich mit dem, was vor ihm geschaffen worden war, läßt sich die Bedeutung seiner Bibelvorreden ermessen. Das Wesentliche läßt sich mit zwei Worten sagen: Ihre Brennpunkte sind *die Botschaft der Bibel und der Leser.* Sie hatten in den früheren, namentlich in den berühmtesten Prologen, denen des Hieronymus, so gut wie keine Rolle gespielt.

Für Luther ist die Bibel eine Einheit, wenn auch mit einem kontrapunktischen Thema. Er umgreift es in den beiden *Vorreden zum Alten und zum Neuen Testament.* Es liegt in der Natur der Sache, daß die ein Jahr jüngere *alttestamentliche* die umfassendere und für das Gesamtverständnis der Schrift bedeutsamere ist. Denn hier muß er die Frage beantworten, welche die Kirche von ihren Anfängen bis heute begleitet: Warum steht das Alte Testament in der christlichen Bibel? Er kann darauf nicht die Antwort der alten und der mittelalterlichen Kirche geben, die das Alte Testament durch Allegorisierung und Spiritualisierung auf die Höhe des Neuen Testaments emporzuheben versucht hatten. Es widerspricht Luthers Vorstellung von der Wirklichkeit Gottes und seines Umgangs mit der Menschheit in Zeit und Raum, Geschichte in Abstraktionen aufzulösen. Aber er kann sich auch nicht wie modernes Denken mit einer historischen Auskunft begnügen: Es sei für das Verständnis der Botschaft Jesu und der Urchristenheit wichtig, ja unerläßlich, den ganzen geschichtlichen Weg, der auf sie hinführte, zu überschauen, und darum stehe das Alte Testament mit Recht in der heiligen Schrift. Sondern er denkt von der Sache aus, von der die beiden biblischen Schriftenbündel reden. Wenn es eines zweiten »Testaments« bedurfte und doch das erste von der Christenheit nicht verworfen worden ist, so müssen Widerspruch und Zusammenhang sich überschneiden. Die sich überkreuzenden Linien heißen in Luthers Vorrede »Gesetz und Evangelium« und »Glaube und Unglaube«.

Zunächst muß man die strenge Antithese »Gesetz und Evangelium« begreifen: das Alte Testament »ein Gesetzbuch, das da lehrt, was man tun und lassen soll«, das Neue Testament »ein Gnadenbuch«, das »lehret, wo man's nehmen soll, daß das Gesetz erfüllet werde« (S. 42 f.). Aus dem Alten Testament entwickelt Luther darum eine ausführliche Anschauung vom Gesetz, von den Imperativen, mit denen die Welt in Ordnung gehalten werden muß. Er sagt dreierlei von ihnen. 1. Sie tragen im Alten Testament das Zeichen höchster denkbarer Autorität. Es sind nicht Gebote, welche die Vernunft sich selbst gibt, sondern Gottesgebote. Denn Gott hat sich diesem Volk Israel besonders zugewandt und alles so ordnen wollen, »daß all ihr Tun gewiß wäre, daß es vor ihm recht wäre« (S. 46). – 2. Es sind sowohl praktische Gesetze, die das menschliche Zusammenleben regeln und gegen Zerstörung schützen sollen, wie auch höhere Gebote des Glaubens und der Liebe. Hier, wo tote Ordnung den Erfordernissen des lebendigen Daseins weichen muß, schlägt Luthers Herz am stärksten: »frisch ins Gesetz greifen«, »frisch das Gesetz brechen«, wo Glaube und Liebe oder »des Leibes Not« es fordern, »also daß der Glaube und die Liebe soll aller Gesetze Meisterin sein« (S. 47). – 3. In dieser Tiefe erfaßt, macht das »Gesetz« alle »Vermessenheit menschlichen Vermögens zu Schanden« (S. 49). Wer kann diesem Gebot, das mehr ist als ein kategorischer Imperativ, das ein sicheres, freies Handeln der Liebe erfordert, Genüge tun? Der, welcher das spürt, gehört zu den rechten unter den »dreierlei Schülern des Gesetzes«. Er begreift seinen Sinn: die Grenzen menschlichen Vermögens, das heißt die Sünde, zu erkennen und nach Hilfe zu verlangen, wie sie das Evangelium bietet.

So schneidet sich mit der Linie »Gesetz und Evangelium« die andere: »Glaube und Unglaube«. Man darf das neben der ersten, oft genannten Antithese nicht übersehen. Luther war auf seine Weise von dem überzeugt, was Goethe in einem bekannten – übrigens am Volk Israel veranschaulichten – Worte ausgesprochen hat: »Das eigentliche, einzige und tiefste Thema der Welt- und Menschengeschichte, dem alle übrigen untergeordnet sind, bleibt der Konflikt des Unglaubens und Glaubens.«[2] Freilich mit dem tiefgreifenden Unterschied, daß das, was für Goethe eine allgemeine geschichtsphilosophische Kategorie bedeutet – es gibt erhebende, fruchtbare Epochen des Glaubens, »in welchen

2 Israel in der Wüste (1797, gedruckt 1819 in den Noten und Abhandlungen zum West-Östlichen Divan)

17

der Glaube herrscht, unter welcher Gestalt er auch wolle«, und unfruchtbare des Unglaubens –, für Luther ein bestimmtes Geschehen in der Tiefe des menschlichen Herzens ist. Die menschliche Natur »muß am guten Gesetz Gottes ihre Bosheit erkennen und fühlen und nach der Hilfe göttlicher Gnade seufzen und trachten in Christo« (S. 52). Die Verheißung solcher kommenden Erlösung von der Sünde und Gewissensnot läuft nach Luther verborgen durch das ganze Alte Testament hindurch. Es hat nicht an solchen gefehlt, die an sie geglaubt haben. In aller Verhüllung gibt es im Alten Testament Erfahrungen der Gnade, vor allem bei den Erzvätern. Darum »hat das erste Buch Mose fast eitel Exempel des Glaubens und Unglaubens, und was Glaube und Unglaube für Früchte tragen, und ist fast ein evangelisch Buch« (S. 43). So, vom Schnittpunkt mit der tödlichen Antithese von Gesetz und Evangelium her gesehen, ist Glaube und Unglaube in der Tat »das eigentliche, einzige und tiefste Thema der Welt- und Menschengeschichte«, da und dort auch schon im Alten Testament im heimlichen Widerspiel zum Gesetzesglauben.

Dieses Thema nimmt die Vorrede zum *Neuen Testament* auf und variiert es wie in einer Gegenfuge. Der beherrschende Ton ist nun das Evangelium. Aber zugleich sammelt Luther die leisen Vorausklänge im Alten Testament, das – von dem darin mächtig übertönenden Gesetz her verstanden und in der jüdischen Frömmigkeit praktiziert – ein Buch des Fluches geworden war. »Wider den Fluch segnet nun das Evangelium alle Welt« (S. 170), aber zugleich so, daß es die im Alten Bunde enthaltene Verheißung jetzt als erfüllt und geschehen verkündigt. Das ist Grund zu einer Freude, die sich nicht in vorformulierten Lehrsätzen aussprechen läßt. »Der beschreibt's lang«, »der beschreibt's aber kurz« (S. 170). Es ist der Ausbruch eines großen Jubels, eine »gute Botschaft, gute Märe, gute neue Zeitung, gut Geschrei, davon man singet, saget und fröhlich ist« (S. 168). Daraus wird verständlich, warum Luther soviel daran liegt, daß nicht von »vier Evangelien« gesprochen wird. Es gibt nur ein Evangelium, wie es nur einen Christus gibt. Es ist, wie Luther oft sagt, seinem Wesen nach ein mündliches Wort, das weitergesagt werden will; darin liegt seine Kraft. An diesem Verständnis von Evangelium bemißt Luther auch, was die vier Evangelisten berichten. Die Gebote und Gesetzesauslegung, die ja Christus auch gibt, sind ebenso wie seine Taten noch nicht das Evangelium. Das wird erst vernehmbar, »wenn die Stimme kommt, die da sagt, Christus sei dein eigen mit Leben, Lehren, Werken, Sterben, Auferstehen« (S. 171). Darum erklärt Luther freimütig: »Wo ich je der eins mangeln sollte, der Werke oder der Predigt Christi, so wollt ich lieber der Werke als seiner Predigt mangeln.« Und weil die anderen Evangelisten mehr Wundertaten als Worte Christi berichten, Johannes aber viel von seiner Predigt und wenig von seinen Werken, »ist Johannis Evangelium das zarte, rechte Hauptevangelium und den andern dreien weit, weit vorzuziehen« (S. 173). Luther denkt im Gegensatz zur modernen Sicht noch ganz unhistorisch. Er fragt nicht, mit welchen Evangelienberichten man dem geschichtlichen Jesus am nächsten kommt. Der wirkliche Jesus ist der, bei dem das Evangelium, der Kern und Sinn seines Wirkens in der Geschichte, uns am nächsten kommt. Dafür rückt Luther alles, was wir sonst von ihm erfahren, ohne daran zu zweifeln, in die zweite Linie.

Dem Gegensatz von Gesetz und Evangelium und dem Widereinander von Glauben und Unglauben spürt Luther überall in den einzelnen biblischen Büchern nach. Wo das beides verstanden wird, berühren sich die beiden Testamente am stärksten. Aus dem Alten Testament trägt der *Psalter* schon ganz die Züge des auf dem Kommen Christi beruhenden neuen Bundes. Luther zeichnet sie nach in den Vorreden und Nachworten, die sich wie ein Gedankenreigen durch die Jahre seiner Bibelausgaben hinziehen. Wenn er in der Vorrede von 1524 zwar nur einige Grundbegriffe der Psalmensprache und die Schwierigkeit, sie richtig zu übersetzen, behandelt, so holt er aus ihnen doch schon das zentrale Bibelthema heraus: das »Gericht« des Gesetzes, das den alten Adam tötet, und die »Gerechtigkeit« im Glauben an das Wort des Evangeliums von der Liebe und Treue Gottes. Das Nachwort von 1525 erweitert den Blick. Neben die »tröstliche Zuversicht« zu Gottes Gnade und das »fröhliche Gewissen auf seine Barmherzigkeit« tritt nun auch das Kreuz: »wie das Fleisch stirbt, leidet, unterliegt und abnimmt. Und gehet also der Glaube im Tod und lebet doch« (S. 70 f.). Was hier aufklingt, wird in der herrlichen Vorrede von 1528 mit allen Instrumenten ausmusiziert. Wie schon in der Vorrede zum Neuen Testament bekennt Luther sich wieder zum Vorrang der Worte, vor allem der unvergleichbaren Gebetsworte des Psalters, gegenüber den Werken, von denen man in den Heiligenlegenden so viel zu lesen bekam. Das Wort ist das wahrhaft Menschliche, es hilft zum Nachsprechen und Nachbeten und verführt nicht zum Nachahmen, aus dem so oft Gesetzlichkeit und ein gegenseitiges Sichüberbieten der »Sekten und Rotten« hervorwächst an Stelle der wahren Gemeinschaft der Heiligen (d. h. nach Luther immer: der Gläubigen). Aber der Psalter öffnet noch mehr als ihr Wort, nämlich »ihr Herz und gründlichen Schatz ihrer Seele«, das Wunderbarste, was uns an Einblick in andere Menschen geschenkt werden kann. Von der Poesie des Psalters, die dabei ihre lösende Kraft erweist, läßt Luther sich selbst zu dichterischen Ausbrüchen anstecken, um auszumalen, wie die Glaubenden von einst und von jetzt an den Psalmen lernen, »*ein* Liedlein« miteinander zu singen. Wird der Psalter ihm hier zur »kleinen Biblia« und zugleich zum »hellen, feinen, reinen Spiegel, der dir zeigen wird, was die reine Christenheit sei« (S. 69), so erinnert die letzte Vorrede von 1545 (S. 72 f.) daran, daß er zusammen mit dem Vaterunser das wahre Gebetbuch der Christenheit ist, neben dem kein anderes bestehen kann.

Wenn der Psalter für Luther das Herz des Alten Testaments bildet, so ist der *Römerbrief* für ihn »das rechte Hauptstück des Neuen Testaments« (S. 177). Er hat ihm darum die bedeutsamste seiner Vorreden gewidmet. In ihr kommen auch Gedanken seiner großen Römerbriefvorlesung von 1515/16 auf neue Weise zu Worte[3]. Auch hier erteilt Luther wie in der ersten Psalmenvorrede zunächst einen theologischen Sprachunterricht, nur weit ausführlicher als dort. So gut wie alle Grundbegriffe, die zum Vokabular der Rechtfertigungslehre gehören, werden in kurzen, anschaulichen Definitionen umrissen. Es ist die schönste, lebendigste Erläuterung des Grundartikels evangelischer Lehre, die wir von ihm haben. Sie läuft wieder auf die Antithese Gesetz und Evangelium hinaus, faßt aber, von Paulus inspiriert, den Kern noch glücklicher als in den anderen Vorreden. »Gott richtet nach des Herzens Grund. Darum fordert auch sein Gesetz des Herzens Grund« (S. 177). Es gibt keine eindringendere Beschreibung der Unbedingtheit der Forderung, die der Mensch in seinem Gewissen vernimmt, als diese in der Vorrede immer wiederkehrende Formel. Oder etwas anders: »Sie wissen nicht, wieviel das Gesetz fordert, nämlich ein frei, willig, lustig Herz« (S. 191). Luther hat das alttestamentliche Gesetz nicht, wie man ihm und Paulus manchmal entgegengehalten hat, mißverstanden, sondern er hat es tiefer verstanden, als das Alte Testament es selbst verstand. Es will nicht bloß

3 Vgl. dazu Horst Beintker, Glaube und Handeln nach Luthers Verständnis des Römerbriefes. Luther-Jahrbuch 28, 1961, S. 52-85.

»leiblich«, in Handlungen, befolgt sein, sondern »geistlich«. »Nun es aber geistlich ist, tut ihm niemand genug, es
gehe denn von Herzensgrund alles, was du tust« (S. 179). Es
will nicht nur »getan«, sondern es will »erfüllt« sein, ohne
den leisesten Rest von Unlust und innerem Zwang, – »als
wäre kein Gesetz«. Das geht über Menschenkraft. Nur
Gottes Geist kann das bewirken, seine Gabe, die wir
empfangen können, wenn wir begreifen, daß unser Ver-
hältnis zu Gott nicht vom Maß unseres Tuns abhängt,
sondern von seiner »ungestückten« Gnade, die uns um
Christi willen ganz und gar aufnimmt in seine »Huld oder
Gunst«. Glaube ist also zweierlei in einem: Glaube an
Christus, unsern »Fürsprecher und Mittler«, um dessent-
willen Gott unsere »Sünde nicht achten noch richten will«,
und »ein lebendig, geschäftig, tätig, mächtig Ding«, das
»Gott zu Liebe und Lob« Gutes tut, wo es nur kann. Hier
finden sich die stärksten Zeugnisse dafür, daß Glaube bei
Luther nicht nur, wie man ihn oft mißdeutet hat, ein
Sichverlassen auf das Werk Christi ist, sondern ebenso auch
Geist und neues Leben »in des Herzens Grund«. Luther hat
tiefsinnig gesehen, daß Paulus im Römerbrief, der »das
allerlauterste Evangelium« ist (S. 177), sich zugleich immer
noch beim Thema des Alten Testaments befindet und einen
»Eingang« dahinein bereiten will (S. 196). Er meint damit
nicht die in der früheren kirchlichen Schriftauslegung
übliche allegorische Überhöhung der alttestamentlichen
Texte, sondern die Aufdeckung des ihnen selbst verborgenen eigentlichen, »geistlichen« Sinnes des Gesetzes, der nur
im Geist und im Glauben an Christus verstanden und erfüllt
werden kann.

III

Zwischen den Grundlinien, die das Viereck der großen Vorreden (Altes und Neues Testament, Psalter und Römerbrief) bilden, liegt die Menge der übrigen, in Gruppen oder einzeln. Die umfangreichste Gruppe im Alten Testament bilden die *Propheten*. Luther hat in der allgemeinen Vorrede zu ihnen (1532) die drei wesentlichen Punkte zusammengefaßt, unter denen sie der Christ in seiner Bibel lesen soll: 1. als »mächtige und alte Zeugen« für Christus und sein kommendes Königreich. Die messianischen Weissagungen bilden für Luther nicht die einzige, ja nicht einmal die wichtigste Klammer zwischen dem Alten und Neuen Testament. Der über sich selbst hinausweisende »geistliche« Sinn des Gesetzes und die realen Glaubenserfahrungen innerhalb des alten Bundes sind ein viel weiter greifendes Vorauszeugnis des Evangeliums als solche einzelnen direkten Anspielungen. Trotzdem deutet er sie natürlich so, wie die Kirche sie seit dem Neuen Testament gedeutet hat, womit »unser christlicher Glaube gar hoch getröstet wird« (S. 82). – 2. Die Propheten reden von der Geschichte. Sie bringen reichlich »Exempel« von dem Gott, der die Gewaltigen, die es nicht erwartet haben, vom Thron stoßen und die Demütigen, Geduldigen, die es nicht zu hoffen wagen, erhöhen kann: wiederum reale Erfahrungen, die alles menschliche Sicherheitsbewußtsein widerlegen und den Geängsteten Mut machen: »Harre doch, harre doch!« S. 85). – 3. Aus den Propheten kann man lernen, was Abgötterei ist. Sie haben aus ihrem Kampf gegen den Einstrom heidnischer Göttervorstellungen nach Israel reiche Anschauung von ihr. Im Grunde ist sie immer dasselbe. Nie wird ein neuer Kultus sich als neu bekennen, sondern er wird sich immer als Verehrung des alten, rechten Gottes ausgeben. Das macht ihn so gefährlich und die Rückbesinnung auf den ursprünglichen Sinn der wahren Gottesbotschaft, also Reformation, so nötig.

Diese Grundgedanken finden sich in mannigfachen Variationen in den *Vorreden zu den einzelnen Propheten* wieder. Dabei sucht Luther, so gut es geht, jeden in seiner Eigenart zu fassen. Der Rat an den Leser, den er bei Jesaja ausspricht und selbst verwirklicht, sich ein genaues Bild von den geschichtlichen und geographischen Verhältnissen zu verschaffen, gilt für alle Prophetenbücher. Er setzt jeden mit den Angaben, die er der Bibel entnehmen kann, an seinen historischen Ort und notiert gewissenhaft, wo Zweifel bleiben. Daß diese Versuche nicht überall mit modernen wissenschaftlichen Ergebnissen übereinstimmen, soweit diese nicht bis heute unsicher geblieben sind, versteht sich von selbst, kann aber hier außer Betracht bleiben. Nur Luthers Mahnung besteht unverändert: »Es ist vonnöten, wenn man die Weissagung verstehen will, daß man wisse, wie es im Lande gestanden, die Sachen drinnen gelegen sind gewesen, wes die Leute gesinnet gewesen oder was für Anschläge sie gehabt haben mit oder gegen ihre Nachbarn, Freunde oder Feinde, und sonderlich, wie sie sich in ihrem Lande gegen Gott und gegen den Propheten in seinem Wort und Gottesdienst oder Abgötterei gehalten haben« (S. 92). Zu diesem Programm treuer historischer Forschung tritt bei Luther das Bemühen, sich jeden Propheten so genau wie möglich in der Besonderheit seiner Art und Sprache vor Augen zu stellen. Viele erhalten ein prägnantes Etikett und manche eine kleine Liebeserklärung oder ein Wort besonderer Anteilnahme an ihrem schweren Geschick. Vor allem ist ihm die Schar der »Tröster« ans Herz gewachsen, welche ihrem Volke im Exil und in der Zeit des mühseligen Wiederaufbaus danach Mut und Hoffnung zugesprochen haben. Ihr Sinnbild ist der »Herzer« Habakuk (wie Luther nach einer in Vulgatadrucken verbreiteten

Liste phantasievoller Namensdeutungen[4] übersetzt), der »sein Volk herzet und in die Arme nimmt« (S. 137). Luther liebt diese Etymologien. Es spricht sich offenbar für ihn etwas von der göttlichen Vorbestimmung dieser Männer für ihr Amt darin aus. Ihr Zuspruch hat nicht nur ihren damaligen Volksbrüdern gegolten, sondern er gilt auch der Christenheit bis in fernste Zeiten. Sie schauen ja »im Geist« voraus auf »die ewige Stadt, das himmlische Jerusalem« (S. 102) und den wiederkommenden Erlöser. »Denn es kann kein Prophet sein, er habe denn den Geist Christi« (S. 103).

So sieht Luther in den Prophetenbüchern wieder die beiden Testamente über den Abgrund, der sie trennt, durch eine nur dem Glauben wahrnehmbare Brücke verbunden: den Geist Christi, der im Alten Testament schon verborgen und andeutend, im Neuen klar und vor aller Augen wirkt. Diese Kontinuität wollen die Juden nicht anerkennen, sie hoffen noch immer auf einen Messias nach ihren Gedanken. »So verfehlen sie alles beides, schweben zwischen Himmel und Erde. Den neuen [Bund] wollen sie nicht, den alten können sie nicht haben.« Sie haben ihr Land verloren, und es ist nirgends verheißen, daß sie alle dorthin zurückkommen werden.

Diese Tragik der jüdischen Geschichte und das Bekenntnis zum neuen Israel – »daß ich S. Paulus' Sohn bin und ein Israel oder Benjamin« (S. 107) – entwickelt Luther, für uns befremdlich, aus einer eingehenden allegorischen Auslegung der Berufungsvision des Propheten *Hesekiel* (S. 103 ff.). Er bedient sich der Allegorese nicht oft, meist dort, wo ein Bild so offenkundig eine Deutung herausfordert. Die Richtung für sie auf das Reich Christi ist für ihn dabei immer gegeben. Aber in die Einzelheiten, an denen sich die

4 Vgl. WA Dt. Bibel 11 II; 301, Anm. 2; daraus auch die Deutung von Amos und Nahum.

Phantasie der Allegoristen gütlich tat, will er sich nicht verlieren. »Das wollen wir sparen bis in jenes Leben« (S. 110). Sehr viel umfassender und genauer hat sich Luther mit dem Propheten *Daniel* beschäftigt. Es ist die weitaus umfangreichste unter seinen Vorreden, ein Mehrfaches von dem, was wir hier abdrucken können. Aber sie durfte nicht ganz fehlen, denn Luther hat ein redliches Stück Arbeit an sie verwandt. Er konnte ja nicht an den so oft in der Exegese der Kirche ausgedeuteten Rätseln dieses Buches vorbeigehen. Bild und Geschichte wirken im Buche Daniel zusammen. Seine Traumdeutung erfordert noch einmal eine Deutung. Aus ihr war das Schema der vier Reiche der Weltgeschichte entstanden, das auch Luther noch den Schlüssel zur eigenen Zeit lieferte. Das römische Reich, welches das letzte sein wird, besteht noch immer, freilich so schwach, daß es »sich mit Bündnis und Freundschaft hin und her bei andern Königen flicken und stärken« muß. Aber es wird keine Hilfe noch Treue finden und nur durch Gottes Macht erhalten bleiben, »wenn es sein soll« (S. 114). Der Abend der Weltgeschichte scheint nahe, ein Zeichen mehr für das Kommen des jüngsten Tages. Es ist viel von Luthers Geschichtsgefühl in dieser trotz ihrer Absonderlichkeit spannenden Vorrede und viel an historischen Einsichten. Daniel hat es als der erste Mann am Hof zu Babylon und in Persien unter allen Juden am weitesten gebracht. Es ist, als habe Gott beschlossen: »Ich muß diesen Königreichen Leute geben, und sollte ich gleich mein Jerusalem und mein Volk drüber zerstören lassen« (S. 123). Die Übersetzung dieses »königlichen und fürstlichen Buchs« hat Luther darum seinem Kurfürsten Johann Friedrich 1530 mit einem langen Brief, der fast eine schöne zweite Vorrede ist, gewidmet. So wie Alexander den Homer nachts unter dem Haupt gehabt haben soll, so wäre Daniel es noch mehr wert, daß er von den Fürsten nicht allein unter ihr Haupt,

sondern »in ihr Herz gelegt würde«[5]. Über allem geschichtlichen Wesen aber schwebt für Luther immer die
getroste Hoffnung auf die selige und fröhliche Erlösung
»von diesem Jammertal und Elend«. Das »Amen, Amen«
am Schluß bekräftigt es, wie sehr sein Herz an der Wirrnis
der Geschichte und ihrer verheißenen Auflösung beteiligt
ist.

Seinem wachen historischen Sinn entspringt auch seine
Freude an dem ersten Buche der *Makkabäer,* das Daniel im
Stoff, aber auch als Stärkung in den Kämpfen seiner Zeit,
mit »unserem Antiochus oder Antichrist« (S. 161), so eng
verwandt ist; und ebenso sein Mißfallen an dem ungenauen
und wirren zweiten Makkabäerbuch.

Viel leichter zugänglich als die Propheten ist die Gruppe
der *Weisheitsbücher.* Luthers Vorreden atmen sein Wohlge-
fallen an dieser Art von verständlicher, erzieherischer Literatur, die den von ihm so geliebten und gern gesammelten
Sprichwörtern verwandt ist. Aber er will sie doch nicht als
Erzeugnis bloß menschlicher Weisheit mißverstanden haben. »Weise« und »Narren« sind ja oft das Gegenteil von
dem, was die Welt darunter versteht (S. 75 f.). Mit Weisheit
ist immer Gottes Weisheit gemeint, die man wie der weise
Salomo aus dem Wort Gottes lernt (S. 78), so daß er die
»Weisheit Salomonis« am liebsten »Ein Buch Salomonis
vom Wort Gottes« nennen möchte. Wort Gottes ist ihm
dabei jener Satz, in dem ihm auch sonst wie in keinem
anderen Evangelium und Gebot, Verheißung und das
ganze irdische Leben begründende Weisung zusammengefaßt erscheinen: das erste Gebot. Es ist »die rechte
Sonne, bei der alle Weisen sehen, was sie sehen. Denn
wer Gott fürchtet und glaubet, der ist voller Weisheit,
aller Welt Meister, aller Worte und Werke mächtig, aller

5 WA Dt. Bibel 11 II; 383, 18 ff.

Lehre und Lebens, das vor Gott gilt und hilft, Richter«
(S. 153 f.).

Einen eigenen Rang hat für Luther das Buch *Hiob;* nicht
nur weil seine Sprache »reisig und prächtig« ist wie die
keines anderen in der Bibel, sondern auch weil uns hier in
einer von einem Dichter geschaffenen Gestalt die großen
biblischen Grundfragen auf besondere Weise anrühren. Mit
knappsten Strichen zeichnet Luther das innere Geschehen
in der menschlich so bewegenden äußeren Handlung: das
Geschwätz der Freunde, die von Gott reden, »als wäre er
gleich, wie Menschen sind«; der einst so gottergebene
Hiob, dessen verzweifelte, Gott gegenüber unrechte und
seinen Peinigern gegenüber doch so wahre Worte zeigen,
»was für Gedanken ein Mensch habe, er sei wie heilig er
wolle, wider Gott in Todesangst«. Aber über diesem
Abgrund offenbart Gott seine Barmherzigkeit. Es ist »uns
zu Trost geschrieben, daß Gott seine großen Heiligen also
läßt straucheln«. So läuft die Dichtung auf die paradoxe
Wahrheit hinaus, »daß Gott allein gerecht ist, und doch
wohl ein Mensch wider den andern gerecht ist auch vor
Gott«. Auch hier meldet sich das Generalthema der Bibel
wieder, was recht sein vor Gott und Menschen heißt.

IV

Dieses Thema haben für das *Neue Testament* der Gesamtprolog und der zum Römerbrief, von denen schon die Rede
war (S. 18, 21 ff.), so umfassend und durchdacht behandelt,
daß Luther sich in den anderen nur noch sehr kurz gefaßt
hat. Es hat freilich auch noch andere Gründe, daß daneben
die neutestamentlichen Schriften – mit Ausnahme des
Jakobusbriefs und der Offenbarung Johannis – keine Vorreden mit wirklicher Eigenbedeutung erhalten haben. Sie

28

stammen fast alle aus dem geschlossenen, raschen Arbeits-
gang der Übersetzung des Neuen Testaments von 1522,
während sich die alttestamentlichen über mehr als ein
Jahrzehnt hinziehen. Aber auch die Schwierigkeiten und
der spürbare Reiz, den das Alte Testament auf den lebens-
kundigen, geschichtsoffenen, phantasiereichen Geist Luthers ausübte, haben dazu beigetragen, daß er sich mit weit
mehr Behagen und Breite darüber aussprach. Und schließlich fiel im Neuen Testament die Frage, die in der Neuzeit
das Feld beherrscht, die Erforschung der Evangelien, fast
ganz aus seinem Gesichtskreise heraus. So reichen Ge-
brauch er von ihnen in seinen Predigten macht, so beredt
schweigt er über sie in den Vorreden. Ihn beschäftigen
nicht die Evangelien, sondern das Evangelium. Das findet
sich viel deutlicher in den Paulus- oder Petrusbriefen, die
ihm »weit über die drei Evangelia Matthaei, Marci und
Lucae vorgehen« (S. 173). Aber nicht einmal dem »zarten,
rechten Hauptevangelium« des Johannes hat er eine Vorrede gewidmet.

Was Evangelium ist, hat Paulus im Römerbrief – und,
ihm folgend, Luther selbst in seiner Vorrede – ausgiebig
genug dargelegt. Für die übrigen *paulinischen Briefe* bleiben
nur sparsame Hinweise, wie es sich in ihnen widerspiegelt,
und dürftige Inhaltsangaben. Luther geht ja auch nicht
darauf aus, dem einfachen Bibelleser die Zustände in den
urchristlichen Gemeinden zu schildern, wie es einige mehr
für ein gelehrtes Publikum berechnete altkirchliche Vorreden taten.

Selbst seine *Vorrede zur Apostelgeschichte* will nicht die
darin enthaltene Historie nachzeichnen oder sie als Sammlung christlich-moralischer Vorbilder ausbeuten, sondern
den Grundton des sola fide hörbar machen, der sie durch-
zieht. Wenn er sie kühn »eine Glosse über die Episteln S.
Pauli« nennt (S. 175), so meint er damit, wie es einem

Geschichtsbuch zukommt, mehr die Fakten, die Bekehrungen und Glaubenserfahrungen, als die ihren Reden abzulauschende Theologie; oder wenn, dann das unausgesprochen Selbstverständliche ihres bedingungslosen Christuszeugnisses gegenüber jüdischer Werkfrömmigkeit, das vor allen exegetischen Problemen steht.

Die formale Monotonie seiner Epistelvorreden schließt nicht aus, daß er unter den neutestamentlichen Briefen seine Lieblinge hat, auch einige unerwartete. So den *Titusbrief*, einen »Ausbund christlicher Lehre« (S. 208), weil er Predigtamt, weltliche Stände und Obrigkeit darin in so schöner Ordnung behandelt findet. Oder den *Philemonbrief*, ein Stück angewandter Christusbotschaft. »Denn wir sind alle seine Onesimi, wenn wir's glauben« (S. 210). Von den nichtpaulinischen Briefen stehen begreiflicherweise die dem »Hauptevangelium« so nahe verwandten *Johannesbriefe* besonders hoch in seiner Gunst; ebenso der von Christus, dem wahren Priester, und der Erfüllung des alten Bundes so »meisterlich« handelnde *Hebräerbrief,* wenn er ihn auch aus literarischen Gründen nicht für apostolisch halten kann. Vor allem aber gehört für Luther der *1. Petrusbrief* mit zu dem »rechten Kern und Mark unter allen Büchern« (S. 173). Und der zweite, schon durch sein Thema von geringerer Bedeutung, enthält doch die gerade im Munde dieses, später fälschlich zum ersten Papst erklärten, Apostels bemerkenswerte Warnung, wie es mit der Christenheit »zur Zeit des Papstes und der Menschenlehre stehen würde« (S. 212)[6].

Ausführlicher hat Luther seine Auffassung nur zu zwei Schriften begründet: dem Jakobusbrief und der Offenbarung des Johannes. Beide haben ihm besondere Mühe gemacht. Über den *Jakobusbrief* war schon in der Vorrede

6 Vgl. dazu Luthers Predigten über den 2. Petrusbrief WA 14, 14 ff., bes. S. 31, 13 ff.; 73, 20 ff.

zum Neuen Testament die unwirsche Bemerkung gefallen, daß er – gemessen am Johannesevangelium, den Paulusbriefen und dem 1. Petrusbrief – »eine recht stroherne Epistel« sei und »keine evangelische Art« an sich habe (S. 174). In der Vorrede begründet er sein summarisches Urteil. Entscheidend ist, daß der Brief nicht wie die wahren apostolischen Schriften Christum »treibt« (was exakt zu verstehen ist: lehrt) und nirgends vom Leiden, der Auferstehung, dem Geiste Christi spricht, sondern vom Glauben an Gott im allgemeinen; eine Beobachtung, die jeder Leser nachprüfen kann. Damit stimmt für Luther überein, daß Jakobus sich offenkundig gegen die Rechtfertigungslehre des Paulus wendet (am deutlichsten in der ihm widersprechenden Auffassung der Abrahamsgestalt). Der Brief gehört also in den Bereich des Gesetzes, der sittlichen Vermahnung. Das ist an sich kein Tadel. Ja, er ist zu loben, weil er nicht menschliche Maßstäbe setzt »und Gottes Gesetz hart treibet«. Aber er kann nicht als apostolisch gelten und darf nicht dazu dienen, innerhalb des Neuen Testaments einen abschwächenden Ausgleich zur paulinischen Botschaft zu suchen. Dazu reicht die Lehre und der Geist des Jakobus nicht aus. Auch in späteren Ausgaben der Vorrede (seit 1530) hat Luther sein Urteil nur in der Form ein wenig gemildert. Der Sache nach konnte er es nicht aufgeben. Es beweist seinen unbestechlichen exegetischen Scharfblick, wie auch seine literarischen Bemerkungen sein sicheres Gespür für die bis heute umstrittenen historischen Probleme des Briefs bekunden.

Die besondere Not, welche ihm das Verständnis der *Offenbarung Johannis* bereitete, wird daran sichtbar, daß er zwei ganz verschiedene Vorreden zu ihr geschrieben hat. Die erste von 1522 spricht mit aller Offenheit das Befremdende aus, das er an ihr empfindet. So redet kein Apostel. Sie sprechen alle nicht in Visionen, sondern mit »klaren, dürren Worten« von Christus, seinem Tun und seiner Lehre, »welchs doch zu tun vor allen Dingen ein Apostel schuldig ist« (S. 219). Und schon gar nicht spricht für den Ursprung des Buches, daß es sich selber zum Prüfstein der ewigen Seligkeit macht. Es erinnert am ehesten an die spätjüdische Apokalyptik von der Art des 4. Esra.

Als Luther diese Vorrede im Druck des Neuen Testaments von 1530 durch eine zweite ersetzte, gab er seine Zweifel am apostolischen Charakter des Buches keineswegs auf, wollte damit aber andern ihre Meinung nicht verwehren, wie er auch sonst bei seinen kritischen Äußerungen betont. Aber er hatte doch wohl das Gefühl, daß das persönliche Urteil: »Mein Geist kann sich in das Buch nicht schicken« (S. 219), für eine Würdigung nicht ausreiche. Es gehört immerhin zu einer Gattung der »mancherlei Weissagung«, die es auch sonst in verschiedener Form in der Bibel gibt. Ohne daß sie gedeutet werden, haben sie für den Leser keinerlei »Nutz und Frucht«. So will er sich, wenn auch nur zur Anregung für »andere und höhere Geister«, dem Versuch einer Deutung nicht entziehen, sowenig, wie er es bei dem verwandten Danielbuche im gleichen Jahre tut. Beide Vorreden bilden Gegenstücke zueinander. Sie versuchen, Geschichte zu deuten, und Luther hat zu beiden historischen Studien getrieben. Galt die Daniel-Vorrede der Weltgeschichte, so die zur Apokalypse der Geschichte der Kirche. Hier glaubt Luther den sicheren Griff für die Auslegung zu finden. Läßt sich erkennen, daß sich Voraussagen des Buches für einen Teil (Kap. 6-10) in der Vergangenheit bewahrheitet haben, so darf man gewiß die weiteren Weissagungen auf die Zeit deuten, in deren Zusammenhang noch die Gegenwart steht. Die unselige Verquickung von Kaisertum und Papsttum, die Behauptung, der Papst habe das Reich auf die deutschen Könige übertragen und verfüge sowohl über das geistliche wie über das weltliche Schwert, und die schrecklichen Kämpfe, die sich daraus ergeben haben, sind durch die Weherufe der Engel angekündigt (Kap. 11-13). Luther verfolgt die Deutung bis in seine Tage (Kap. 14-20), bis zur Pracht und Üppigkeit des gegenwärtigen Rom, den Türkenkriegen und dem Schriftenkampf gegen das Evangelium von seiten der scholastischen Theologen, die schon als Frösche in der Apokalypse (16, 13) auftreten, »und schaffen doch nichts und bleiben Frösche« (S. 227). So barock uns solche Auslegungen anmuten, sie stehen doch in der langen, bunten Kette phantastischer Deutungen, die heute noch nicht ihr Ende erreicht hat, und heben sich heraus als ein Entwurf von großer Geschlossenheit. Eine ähnlich umfassende und konkrete Verbindung von Geschichtsdeutung und Zeitnähe hatte noch kein Ausleger gegeben. »Mit diesen wenigen Quartseiten apokalyptischer Auslegung von eigentümlich bizarrer Grandiosität hat Luther mächtig auf die Folgezeit gewirkt.«[7] Diese Wirkung ist heute ebenso wie alle ähnlichen Widerspiegelungen von Epochenbildern im Spiegel der apokalyptischen Visionen lange vergangen. Sie heben sich gegenseitig auf. Die besonnene Forschung hat erkannt, daß die Offenbarung Johannis, wie es natürlich ist, mit ihren Geheimnissen nicht irgendwelche fernen Zeiten, sondern ihre eigene Zeit und zugleich die kommende Endzeit im Blick hat.

Aber Luthers Konzeption geht nicht in den Zeitgleichungen auf, die er zu finden meinte. Wichtiger und bleibend sind die beiden einfachen Grundgedanken, in denen der Christ sich den Ertrag dieses ungeheuren Himmels- und Weltschauspiels »zunutze machen« soll. Einmal als Trost, »daß keine Gewalt noch Lüge, keine Weisheit noch Heilig-

7 Wilhelm Bousset, Die Offenbarung Johannis (Kritischer Kommentar über das Neue Testament 16, 1906), S. 84. Bousset gibt eine weitgespannte Auslegungsgeschichte (S. 49-108).

keit, kein Trübsal noch Leid werden die Christenheit unterdrücken« (S. 229). Die andere Folgerung richtet sich auf das Ärgernis, das man so oft an der Kirche in ihrer geschichtlichen Gestalt nimmt. In ein paar kurzen, konzentrierten Sätzen geht Luther an dieses alte und immer neue Problem heran. Es kann aus einer sittlichen Entrüstung derer, welche die Kirche von außen sehen, erwachsen. Weil es so viele schlechte Christen gibt, »urteilen sie flugs und frei, es seien keine Christen da«. Aber auch der Christ, der an seiner Kirche leidet, darf zweierlei nicht vergessen: »Der Teufel kann sie wohl zudecken mit Ärgernissen... Ebenso kann sie auch Gott mit Gebrechen und allerlei Mangel zudecken.« »Sie will nicht ersehen, sondern erglaubt sein.« Er gibt die Frage an den Christen zurück. Wenn er sich selbst in seinem Christsein unter seiner Sünde und seinem Unglauben verborgen ist, wie will er dann die Kirche zu Gesicht bekommen? Das letzte, Zuversicht erweckende Wort hat am Ende des Buches der Plagen und Ängste nochmals das Evangelium: »Wenn allein das Wort des Evangelii bei uns rein bleibt und wir's lieb und wert haben, so sollen wir nicht zweifeln, Christus sei bei und mit uns, wenn's gleich aufs ärgste gehet« (S. 231).

V

Sind die Bibelvorreden in der Hauptsache großartige Zeugnisse der Lebendigkeit, des Gedankenreichtums und der inneren Konsequenz von Luthers theologischer Exegese, so kommt er doch auch noch mit anderen Gaben in ihnen zu Worte, die nicht übersehen werden dürfen. Von Luther dem *Historiker* war schon wiederholt zu reden. Dazu gehören aber auch die *kritischen Beobachtungen* zu mancherlei biblischen Büchern, die er mit völliger Unbefangenheit den Lesern seiner Bibelübersetzung zugemutet hat. Er macht dabei auch keinen Unterschied zwischen kanonischen und apokryphen oder alttestamentlichen und neutestamentlichen Schriften. Seine Kritik wiegt natürlich am geringsten, wo er älteren Zweifeln an Verfasserangaben folgen konnte. Sie ist andererseits wissenschaftlich am bedeutendsten, wo er auf eine ganz andere Kompositionsweise aufmerksam wurde, als sie sich aus der Titulatur der Bücher ergab. Bei einer Reihe von Propheten (Jesaja, Jeremia, Hosea) stellt er sich die Frage, ob es sich dabei wirklich um ihre eigenen Bücher und nicht vielmehr um Zusammenstellungen ihrer Sprüche von anderer Hand handelt, und manchmal in spürbarer Unordnung. Nicht anders erklärt er sich den Prediger Salomonis und das Buch Jesus Sirach. Das Buch der Weisheit spricht er Salomo ganz ab und möchte es Philo zuschreiben. Von dem armseligen Baruch-Buch möchte er wenigstens den Diener des Propheten Jeremia entlasten. Und das 2. Makkabäer-Buch ist offenkundig »zusammengeflickt aus vielen Büchern«. Von den neutestamentlichen Schriften erscheinen ihm der Hebräerbrief, den er sich auch »von vielen Stücken zusammengesetzt« denkt, der Jakobusbrief und der Judasbrief mit Sicherheit nicht als apostolische Schriften; ebenso die Offenbarung Johannis, und zwar auch in der späteren Vorrede. Selbst gegenüber dem 2. Petrusbrief regen sich bei ihm einmal Zweifel, wenn er ihnen auch nicht folgt[8]. Auch die am tiefsten einschneidende Kritik, die an Jakobus und der Offenbarung Johannis, ist nicht rein theologisch begründet, sondern immer theologisch und geschichtlich zugleich. Er hat eine bestimmte, am Johannesevangelium und den Paulus- und Petrusbriefen abgelesene Vorstellung von dem, was ein Apostel schreiben und was daher in ihre

8 WA 14, 73, 22ff.

Epoche passen kann. Aber es kommen immer auch historische oder literarische Beobachtungen hinzu, die dieses Urteil unterstützen.

Dieses Bild einer apostolischen Epoche hat Luther sogar dadurch sichtbar gemacht, daß er gegenüber der älteren Ordnung die vier von ihm als nichtapostolisch angesehenen Schriften an den Schluß des Neuen Testaments stellte und in den Inhaltsverzeichnissen nicht wie die anderen Bücher numerierte und deutlich von ihnen abrückte. Diese im ersten Neuen Testament 1522 eingeführte Anordnung behielt er bis zu seiner letzten Bibelausgabe bei.

Wie der Historiker und der am Maßstab des Evangeliums messende Kritiker ist in den Vorreden auch der *Dichter* Luther am Werke. Er spürt in einer ganzen Reihe von biblischen Büchern, nicht nur in den Psalmen oder dem Hohen Liede, den Geist der Poesie und macht sich Gedanken über ihre Sprache und ihre Form. Er vermerkt die einzigartige »reisige und prächtige« Sprache des Buches Hiob, den Reichtum des Hebräischen an Worten des Singens, Lobens, Preisens, Freuens, Betrübens usw. und ihren Widerklang in den Psalmen; den Sprichwortcharakter der Weisheitsbücher; das »meisterliche Treiben« der Propheten zur Furcht Gottes und zum Glauben; die Beredsamkeit Jesajas, dem bei der Übersetzung »die ungelenke deutsche Zunge sauer angekommen ist«; das tröstende »Herzen« des Propheten Habakuk, »wie man ein arm klein Kind oder Menschen herzet«; die Großartigkeit vieler Bilder der Apokalypse. Das Dichterische der Form mancher Bücher sucht er an Vergleichen zu verdeutlichen. Das Buch Judith könnte er sich, zumal es mit der Historie in ihr sowieso nicht recht stimmt, als eine »gute, ernste, tapfere Tragödie« denken. Sie ließe sich auch aufführen, »wie man bei uns die Passion spielt und anderer Heiligen Geschichten«, womöglich sogar gefolgt von einem belehrenden

Liede, wie der Weisheit Salomonis (S. 149). Im Gegensatz dazu wäre das Buch Tobia »eine feine, liebliche, gottselige Komödie« zu nennen, die der Dichter dann aus dem Spiel »in eine ordentliche Rede gefasset« habe. Auch wenn Luther die Märchennovelle, die das Buch darstellt, nicht ganz getroffen hat, so hat er doch den poetischen Charakter anstatt erzählter Begebenheit erkannt.

★

Der Text von Luthers Vorreden wurde für diese Ausgabe gegenüber der alten Rechtschreibung und Sprachform so überarbeitet, daß er dem heutigen Leser keine unnötigen Schwierigkeiten bieten, aber Luthers Sprache noch so vernehmlich wie möglich hindurchklingen lassen sollte. Alte Wortformen, die sprachgeschichtliche Beobachtungen erlauben, wurden öfters belassen und in den Fußnoten erläutert. Auch die früher meist reichere Interpunktion wurde nicht selten gegen die heutigen Regeln beibehalten, weil sie als Lesehilfe dienen kann. Bei Textherstellung und Korrektur habe ich für freundliche Hilfe Jüngerer zu danken. Wer den Urtext und die Entwicklung von Luthers Vorreden – ebenso wie auch das Werden seiner Bibelübersetzung in ihren verschiedenen Stadien – genau studieren möchte, findet einen buchstabengetreuen Abdruck mit zahlreichen Erklärungen sachlicher und sprachlicher Art in zehn gelehrten Bänden der Abteilung Deutsche Bibel (Bd. 6 ff.) der Weimarer Lutherausgabe. Die Vorreden werden, soweit nicht zwei Formen oder wichtige Abweichungen vorliegen, zumeist in ihrer Erstform geboten; nur gelegentlich sind kleine spätere Verbesserungen stillschweigend übernommen. Daß Luthers historische und literarische Angaben in zahlreichen Fällen nicht mehr mit den heutigen

Ergebnissen evangelischer Bibelwissenschaft, der er mit seinen Vorreden das Tor aufgetan hat, übereinstimmen, ist eine Selbstverständlichkeit. Es hätte aber den Sinn und den Umfang dieser Ausgabe völlig verändert, diese Abweichungen zu vermerken. Auch nur der Versuch dazu hätte umfangreicher wissenschaftlicher Begründungen bedurft und wäre doch niemals der jahrhundertlangen, komplizierten und mühevollen Bibelforschung gerecht geworden.

Heinrich Bornkamm

VORREDEN
ZUM
ALTEN TESTAMENT

Vorrede auf das Alte Testament

1523

Das Alte Testament halten etliche geringe, als das, was dem jüdischen Volk allein gegeben und nun fort aus sei und nur von vergangenen Geschichten schreibe; meinen, sie haben genug am Neuen Testament und geben vor, eitel geistlichen Sinn im Alten Testament zu suchen; wie auch Origenes, Hieronymus und viel hoher Leute mehr gehalten haben. Aber Christus spricht Joh. 5 (39): Forschet in der Schrift, denn dieselbe gibt Zeugnis von mir; und S. Paulus gebietet dem Timotheus, er solle anhalten mit Lesen der Schrift[1], und rühmet Röm. 1(2), wie das Evangelium sei von Gott in der Schrift verheißen; und 1. Kor. 15 (3) sagt er, Christus sei laut der Schrift von Davids Geblüte kommen, gestorben und vom Tode auferstanden. So weiset uns auch S. Petrus mehr als einmal hinein in die Schrift. Womit sie uns lehren, die Schrift des Alten Testaments nicht zu verachten, sondern mit allem Fleiß zu lesen, weil sie selbst das Neue Testament so mächtiglich gründen und bewähren[2] durchs Alte Testament, und sich darauf berufen; wie auch S. Lukas Apg. 17 schreibt, daß die zu Beröa[3] täglich erforscheten die Schrift, ob sich's so verhielte, wie Paulus lehrete. So wenig nun des Neuen Testaments Grund und Beweisung zu verachten ist, so teuer ist auch das Alte

1 1. Tim. 4, 13
2 bestätigen
3 Luther nach falscher Übersetzung von Apg. 17, 11: Thessalonich

Testament zu achten. Und was ist das Neue Testament anderes als eine öffentliche Predigt und Verkündigung von Christo, durch die Sprüche im Alten Testament gesetzt und durch Christum erfüllet?

Daß aber diejenigen, die es nicht besser wissen, eine Anleitung und Unterricht haben, nützlich drinnen zu lesen, habe ich diese Vorrede nach meinem Vermögen, soviel mir Gott gegeben, gestellet[4]. Bitte und warne treulich einen jeglichen frommen Christen, daß er sich nicht stoße an der einfältigen Rede und Geschichte, die ihm oft begegnen wird; sondern zweifele nicht dran, wie schlecht[5] es immer sich ansehen läßt, es seien eitel Worte, Werke, Gerichte und Geschichten der hohen göttlichen Majestät, Macht und Weisheit. Denn dies ist die Schrift, die alle Weisen und Klugen zu Narren macht, und allein den Kleinen und Albernen[6] offen stehet, wie Christus sagt Matth. 11 (25). Darum laß dein Dünkel und Fühlen fahren, und halte von dieser Schrift, als von dem allerhöchsten, edelsten Heiligtum, als von der allerreichsten Fundgrube, die nimmermehr genug ausgegründet werden kann, auf daß du die göttliche Weisheit finden mögest, welche Gott hier so albern und schlicht vorlegt, daß er allen Hochmut dämpfe. Hier wirst du die Windeln und die Krippe finden, da Christus innen liegt, dahin auch der Engel die Hirten weiset. Schlechte und geringe Windeln sind es, aber teuer ist der Schatz Christus, der drinnen liegt.

So wisse nun, daß dies Buch ein Gesetzbuch ist, das da lehret, was man tun und lassen soll, und daneben anzeigt Exempel und Geschichten, wie solche Gesetze gehalten oder übertreten sind. Gleichwie das Neue Testament ein Evangelium oder Gnadenbuch ist und lehret, wo man's

4 verfaßt
5 gering
6 Einfältigen

nehmen soll, daß das Gesetz erfüllet werde. Aber gleichwie im Neuen Testament neben der Gnadenlehre auch viel andere Lehren gegeben werden, die da Gesetz und Gebot sind, das Fleisch zu regieren, sintemal in diesem Leben der Geist nicht vollkommen wird, noch eitel Gnade regieren kann: also sind auch im Alten Testament neben den Gesetzen etliche Verheißungen und Gnadensprüche, damit die heiligen Väter und Propheten unter dem Gesetz im Glauben Christi, wie wir, erhalten sind. Doch wie des Neuen Testaments eigentliche Hauptlehre ist, Gnade und Frieden durch Vergebung der Sünden in Christo verkündigen: also ist des Alten Testaments eigentliche Hauptlehre, Gesetze lehren und Sünde anzeigen und Gutes fordern. Solches wisse im Alten Testament zu erwarten.

Und daß wir zuerst auf Moses Bücher kommen: der lehret in seinem *ersten* Buch, wie alle Kreaturen geschaffen sind und (das seines Schreibens meiste Ursach ist), wo die Sünde und der Tod herkommen sei, nämlich durch Adams Fall, aus des Teufels Bosheit. Aber bald darauf, ehe denn Moses Gesetz kommt, lehret er, woher die Hilfe wieder kommen sollte, die Sünde und den Tod zu vertreiben; nämlich nicht durch Gesetz noch eigen Werk, weil noch kein Gesetz war, sondern durch des Weibes Samen, Christum, Adam und Abraham verheißen. Auf daß also der Glaube von Anfang der Schrift durch und durch gepreiset werde über alle Werke, Gesetz und Verdienst. Also hat das erste Buch Mose fast eitel Exempel des Glaubens und Unglaubens, und was Glaube und Unglaube für Früchte tragen, und ist fast ein evangelisch Buch.

Darnach, im *zweiten* Buch, da die Welt nun voll und in der Blindheit versunken war, daß man schier nicht mehr wußte, was Sünde war, oder wo der Tod herkommen sei, bringet Gott Moses hervor mit dem Gesetz, und nimmt ein besonderes Volk an, die Welt an ihnen wieder zu erleuchten und durchs Gesetz die Sünde wieder zu eröffnen[7]. Und verfasset also das Volk mit allerlei Gesetzen, und sondert sie von allen andern Völkern: läßt sie eine Hütte[8] bauen, und richtet einen Gottesdienst an, bestellet Fürsten und Amtleute, und versorget also sein Volk mit Gesetzen und Leuten aufs allerfeinste, wie sie leiblich vor der Welt und geistlich vor Gott sollen regiert werden.

Im *dritten* Buch wird insonderheit das Priestertum verordnet, mit seinen Gesetzen und Rechten, darnach die Priester tun und das Volk lehren sollen. Da siehet man, wie ein priesterlich Amt nur um der Sünde willen wird eingesetzt, daß es dieselbige soll dem Volk kund machen und vor Gott sühnen. Also, daß all sein Werk ist, mit Sünden und Sündern umgehen. Derhalben auch den Priestern kein zeitlich Gut gegeben noch leiblich zu regieren befohlen oder zugelassen wird, sondern allein, des Volks zu pflegen in den Sünden, ihnen zugeeignet wird.

Im *vierten,* da nun die Gesetze gegeben, Priester und Fürsten eingesetzt, die Hütte und Gottesdienst angerichtet sind und alles bereit ist, was zum Volk Gottes gehöret, hebt das Werk und Übung an, und wird versucht, wie solche Ordnung gehen und sich schicken will. Darum schreibt dasselbe Buch von so viel Ungehorsam und Plagen des Volks, und werden etliche Gesetze erkläret und gemehret. Denn also findet sich's allezeit, daß Gesetze bald zu geben sind; aber wenn sie sollen angehen und in den Schwang kommen, da begegnet nicht mehr als eitel Hindernis, und will nirgend fortgehen, wie das Gesetz fordert. So daß dies Buch ein merklich Exempel ist, wie gar es nichts ist, mit Gesetzen die Leute fromm machen; sondern, wie S. Paulus sagt, daß das Gesetz nur Sünde und Zorn anrichtet.

Im *fünften,* da nun das Volk um seinen Ungehorsam

7 aufzudecken
8 Stiftshütte

gestraft ist, und Gott sie mit Gnaden ein wenig gelockt hatte, daß sie aus Wohltat, da er ihnen die zwei Königreiche gab, bewegt wurden, sein Gesetz mit Lust und Liebe zu halten, wiederholet Mose das ganze Gesetz mit allen Geschichten, das ihnen begegnet war, (ohne was das Priestertum betrifft); und erkläret also von neuem an alles, was zum leiblichen und geistlichen Regiment eines Volkes gehört. Daß also Mose, wie ein vollkommener Gesetzeslehrer, allenthalben seinem Amte genug täte, und das Gesetz nicht allein gäbe, sondern auch dabei wäre, da man's tun sollte, und wo es fehlt, erkläret und wieder anrichtete. Aber diese Erklärung im fünften Buch enthält eigentlich nichts anderes als den Glauben zu Gott und die Liebe zum Nächsten; denn dahin langen[9] alle Gesetze Gottes. Darum wehret Mose mit seinem Erklären all dem, was den Glauben an Gott verderben kann, bis hinan in das 20. Kapitel, und all dem, was die Liebe hindert, bis an des Buches Ende.

Hierbei ist nun zu merken, aufs erste, daß Mose das Volk so genau mit Gesetzen verfasset, daß er keinen Raum läßt der Vernunft, irgend ein Werk zu erwählen oder eignen Gottesdienst zu erfinden. Denn er lehret nicht allein Gott fürchten, trauen und lieben, sondern gibt auch so mancherlei Weise äußerlichen Gottesdienstes, mit Opfern, Geloben, Fasten, Kasteien etc., so daß niemandem not sei, etwas anderes zu erwählen. Item, er lehret auch pflanzen, bauen, freien, streiten, Kinder, Gesinde und Haus regieren, kaufen und verkaufen, borgen und lösen, und alles, was äußerlich und innerlich zu tun sei: so sehr, daß etliche Satzungen gleichwie närrisch und vergeblich anzusehen sind.

Lieber, warum tut Gott das? Letzlich darum: er hat sich des Volks unterwunden[10], daß es sein eigen sein sollte, und

9 zielen
10 angenommen

er wollte ihr Gott sein; darum wollte er sie also regieren, daß all ihr Tun gewiß wäre, daß es vor ihm recht wäre. Denn wo jemand etwas tut, wofür Gottes Wort nicht zuvor gegeben ist, das gilt vor Gott nicht und ist verloren. Denn er verbietet auch im 4. und 13. Kapitel im 5. Buch, daß sie nichts sollen zutun zu seinen Gesetzen. Und im 12. Kapitel spricht er, sie sollen nicht tun, was sie recht dünkt. Auch der Psalter und alle Propheten drob schreien, daß das Volk gute Werke täte, die sie selbst erwähleten und von Gott nicht geboten waren. Denn er will und kann's nicht leiden, daß die Seinen etwas vornehmen zu tun, das er nicht befohlen hat, es sei wie gut es immer sein kann; denn Gehorsam ist aller Werke Adel und Güte, der an Gottes Worten hanget.

Weil denn nun dies Leben nicht kann ohne äußerlichen Gottesdienst und Weise sein, hat er ihnen vorgelegt solch mancherlei Weise und mit seinem Gebot verfasset, auf daß, wenn sie ja müßten oder auch wollten Gott irgend einen äußerlichen Dienst tun, sie dieser einen angriffen und nicht einen eignen erdächten, damit sie gewiß und sicher wären, daß solch ihr Werk in Gottes Wort und Gehorsam ginge. Also ist ihnen allenthalben gewehret, eigener Vernunft und freiem Willen zu folgen, um Gutes zu tun und wohl zu leben; und doch übrig genug Raum, Stätte, Zeit, Person, Werk und Weise bestimmt und vorgelegt, daß sie nicht zu klagen brauchen, noch fremder Gottesdienste Exempel nachfolgen müssen.

Aufs zweite ist zu merken, daß die Gesetze dreierlei Art sind. Etliche, die nur von zeitlichen Gütern sagen; wie bei uns die kaiserlichen Gesetze tun. Diese sind von Gott allermeist um der Bösen willen gesetzt, daß sie nichts Ärgeres täten. Darum sind solche Gesetze nur Wehrgesetze, mehr als Lehrgesetze. Etwa, da Mose gebietet, ein Weib mit einem Scheidebrief von sich zu lassen. Item, daß ein

Mann sein Weib mit einem Eiferopfer vertreiben[11] und andrer Weiber mehr nehmen kann. Solches sind alles weltliche Gesetze. Etliche aber sind, die von äußerlichem Gottesdienst lehren, wie droben gesagt ist.

Über diese beide nun gehen die Gesetze vom Glauben und von der Liebe, also, daß alle andre Gesetze müssen und sollen ihre Maß haben vom Glauben und von der Liebe; daß sie gehen sollen, wo ihre Werke also geraten, daß sie nicht wider den Glauben und die Liebe gehen; wo sie aber wider den Glauben und die Liebe geraten, sollen sie schlechterdings abgetan sein.

Daher lesen wir, daß David den Mörder Joab nicht tötet, so er doch zweimal den Tod verdienet hatte. Und 2. Sam. 14 (11) gelobt er dem Weibe von Thekoa, ihr Sohn solle nicht sterben, obwohl er seinen Bruder erwürget hatte; item, Absalom tötete er auch nicht. Item, er selbst, David, aß von dem heiligen Brot der Priester, 1. Sam. 21 (6). Item, Thamar meinet, der König könnte sie geben Amnon, ihrem Stiefbruder, zur Ehe[12]. Aus dieser und dergleichen Geschichten siehet man wohl, daß die Könige, Priester und Obersten haben oft frisch ins Gesetz gegriffen, wo es der Glaube und die Liebe haben gefordert, so daß also der Glaube und die Liebe soll aller Gesetze Meisterin sein, und sie alle in ihrer Macht haben. Denn sintemal alle Gesetze auf den Glauben und die Liebe treiben, soll keines mehr gelten noch ein Gesetz sein, wo es dem Glauben oder der Liebe will zuwider geraten.

Deshalb irren die Juden noch heutiges Tags gar sehr, daß sie so strenge und hart über etlichen Gesetzen Moses halten und viel eher Liebe und Frieden ließen untergehen, ehe sie mit uns äßen oder tränken, oder dergleichen täten, und sehen des Gesetzes Meinung nicht recht an. Denn dieser

11 vgl. 4 Mose 5, 15
12 2. Sam. 13, 13

Verstand ist vonnöten allen, die unter Gesetzen leben, nicht allein den Juden. Denn also sagt auch Christus Matth. 12 (11), daß man den Sabbath brechen dürfte, wo ein Ochs in eine Grube gefallen war, und ihm heraus helfen; welches doch nur eine zeitliche Not und Schaden war. Wieviel mehr soll man frisch allerlei Gesetz brechen, wo es Leibes Not fordert, wenn anders dem Glauben und der Liebe nichts zuwider geschieht. Wie Christus sagt, daß David getan hat, da er die heiligen Brote aß, Mark. 3 (2, 25).

Was ist aber, daß Mose die Gesetze so unordentlich untereinander wirft? Warum setzt er nicht die weltlichen auf einen Haufen, die geistlichen auch auf einen Haufen, und den Glauben und Liebe auch auf einen? Dazu wiederholet er zuweilen ein Gesetz so oft und treibt einerlei Wort soviel mal, daß es gleich verdrossen macht zu lesen und zu hören? Antwort: Mose schreibt, wie man's treibt, daß sein Buch ein Bild und Exempel ist des Regiments und Lebens. Dann also gehet es zu, wenn es im Schwang gehet, daß jetzt dies Werk, jetzt jenes getan sein muß. Und kein Mensch sein Leben also fassen kann (so es anders göttlich sein soll), daß er diesen Tag eitel geistliche, den andern eitel weltliche Gesetze übe; sondern Gott regiert also alle Gesetze untereinander, wie die Sterne am Himmel und die Blumen auf dem Felde stehen, daß der Mensch muß alle Stunde zu jeglichem bereit sein und tun, welches ihm am ersten vor die Hand kommt. Also ist Moses Buch auch untereinander gemenget.

Daß er es aber so sehr treibt und oft einerlei wiederholet, da ist auch seines Amts Art angezeigt. Denn wer ein Gesetzesvolk regieren soll, der muß immer anhalten, immer treiben und sich mit dem Volk wie mit Eseln plagen. Denn kein Gesetzeswerk gehet mit Lust und Liebe ab; es ist alles erzwungen und abgenötigt. Weil nun Mose ein Gesetzeslehrer ist, muß er mit seinem Treiben anzeigen, wie

Gesetzeswerke gezwungene Werke sind und das Volk müde machen, bis es durch solch Treiben erkenne seine Krankheit und Unlust zu Gottes Gesetz und nach der Gnade trachte; wie folget.

Aufs dritte, ist das die rechte Meinung Moses, daß er durchs Gesetz die Sünde offenbare und alle Vermessenheit menschlichen Vermögens zu Schanden mache. Denn daher nennet ihn S. Paulus Gal. 2 (17) einen Amtmann der Sünde und sein Amt ein Amt des Todes, 2. Kor. 3(7). Und Röm. 3 (20) und 7 (7) spricht er: durchs Gesetz komme nicht mehr als Erkenntnis der Sünde; und Röm. 3 (20): Durchs Gesetzes Werk wird niemand fromm vor Gott. Denn Mose kann durchs Gesetz nicht mehr tun, als anzeigen, was man tun und lassen soll; aber Kraft und Vermögen, solches zu tun und zu lassen, gibt er nicht, und läßt uns also in der Sünde stecken. Wenn wir denn in der Sünde stecken, so dringet der Tod alsbald auf uns als eine Rache und Strafe über die Sünde. Daher nennet S. Paulus die Sünde des Todes Stachel, daß der Tod durch die Sünde all sein Recht und Macht an uns hat. Aber wo das Gesetz nicht wäre, so wäre auch keine Sünde. Darum ist's alles des Mose-Amts Schuld, der erreget und rüget die Sünde durchs Gesetz; so folget der Tod auf die Sünde mit Gewalt, so daß Moses Amt billig und recht ein Amt der Sünde und des Todes von S. Paul genennet wird. Denn er bringet nichts auf uns durch sein Gesetzgeben als Sünde und Tod.

Aber doch ist solch Sündenamt und Todesamt gut und sehr vonnöten. Denn wo Gottes Gesetz nicht ist, da ist alle menschliche Vernunft so blind, daß sie die Sünde nicht erkennen kann. Denn keine menschliche Vernunft weiß, daß Unglaube und an Gott verzweifeln Sünde sei; ja, sie weiß nichts davon, daß man Gott glauben und trauen soll: gehet also dahin in ihrer Blindheit verstockt und fühlet solche Sünde nimmermehr; tut dieweil sonst etwa gute

Werke und führet ein äußerlich ehrbares Leben. Da meinet sie denn, sie stehe wohl, und sei der Sachen genug geschehen, wie wir sehen an den Heiden und Heuchlern, wenn sie auf ihr Bestes leben. Item, so weiß sie auch nicht, daß böse Neigung des Fleisches und Haß wider die Feinde Sünde sei; sondern weil sie siehet und fühlet, daß alle Menschen so geschickt[13] sind, achtet sie solches für natürlich und recht gut Ding und meinet, es sei genug, wenn man nur äußerlich den Werken wehret. Also gehet sie dahin und achtet ihre Krankheit für Stärke, ihre Sünde für recht, ihr Böses für gut, und kann nicht weiter.

Siehe, diese Blindheit und verstockte Vermessenheit zu vertreiben, ist Moses Amt not. Nun kann er sie nicht vertreiben, er muß sie offenbaren und zu erkennen geben. Das tut er durchs Gesetz, da er lehret, man solle Gott fürchten, trauen, glauben und lieben; dazu keine böse Lust noch Haß zu irgend einem Menschen tragen oder haben. Wenn nun die Natur solches recht höret, so muß sie erschrecken; denn sie findet in sich gewiß weder Trauen noch Glauben, weder Furcht noch Liebe zu Gott, item, weder Liebe noch Reinigkeit[14] gegen den Nächsten; sondern eitel Unglauben, Zweifel, Verachtung und Haß zu Gott, und eitel bösen Willen und Lust zum Nächsten. Wenn sie aber solches findet, so ist der Tod alsbald vor Augen, der solchen Sünder fressen und in die Hölle will verschlingen.

Siehe, das heißt den Tod durch die Sünde auf uns drängen und durch die Sünde uns töten. Das heißt, durch das Gesetz die Sünde erregen und vor die Augen setzen und alle unsere Vermessenheit in ein Verzagen und Zittern und Verzweifeln treiben, daß der Mensch nichts mehr kann tun, als mit dem Propheten schreien: Ich bin von Gott verwor-

13 beschaffen
14 Lauterkeit

fen, oder wie man auf deutsch sagt: Ich bin des Teufels, ich kann nimmermehr selig werden. Das heißt recht in die Hölle geführt. Das meinet S. Paulus mit kurzen Worten 1. Korinth. 15 (56): »Der Stachel des Todes ist die Sünde; aber das Gesetz ist der Sünde Kraft.« Als wollte er sagen: Daß der Tod sticht und uns erwürget, macht die Sünde, die an uns gefunden wird, des Todes schuldig. Daß aber die Sünde an uns gefunden wird und so mächtig uns dem Tod gibt, macht das Gesetz, welches uns die Sünde offenbart und erkennen lehrt, die wir zuvor nicht kannten und sicher waren.

Nun siehe, mit welcher Gewalt Mose solches sein Amt treibt und ausrichtet. Denn, daß er ja die Natur aufs allerhöchste schände, gibt er nicht allein solche Gesetze, die von natürlichen und wahrhaftigen Sünden sagen, als da sind die zehn Gebote; sondern er macht auch Sünde, wo von Natur sonst keine Sünde ist, und dringet und drücket auf sie mit Haufen Sünden. Denn Unglaube und böse Lust ist von Art Sünde und des Todes wert. Aber daß man nicht soll gesäuert Brot essen auf Ostern und kein unreines Tier essen, kein Zeichen an dem Leib machen, und alles, was das levitische Priestertum mit Sünden schaffet, das ist nicht von Art Sünde und böse, sondern wird allein darum Sünde, daß es durchs Gesetz verboten ist: welches Gesetz wohl kann absein[15]. Aber die zehn Gebote können nicht also absein, denn da ist Sünde, obschon die Gebote nicht wären oder nicht erkannt wären, gleichwie der Heiden Unglaube Sünde ist, obwohl sie es nicht wissen noch achten, daß es Sünde sei.

Also sehen wir, daß solche und so mancherlei Gesetze Moses nicht allein darum gegeben sind, daß niemand etwas Eigenes zu erwählen brauchte, um Gutes zu tun und wohl

15 abgeschafft sein

zu leben, wie droben gesagt ist; sondern vielmehr darum, daß der Sünden erst viel würden und sich über die Maßen häuften, das Gewissen zu beschweren: auf daß die verstockte Blindheit sich erkennen müßte und ihr eigen Unvermögen und Nichtigkeit zum Guten müßte fühlen, und also durchs Gesetz genötiget und gedrungen würde, etwas Weiteres zu suchen als das Gesetz und eigen Vermögen, nämlich Gottes Gnade, im künftigen Christus verheißen. Denn es ist ja alles Gesetz Gottes gut und recht, wenn er auch gleich hieße nur Mist tragen oder Strohhalme aufheben. So kann aber der ja nicht fromm noch guten Herzens sein, der solch gutes Gesetz nicht hält oder ungerne hält. So vermag alle Natur nicht anders, als es ungern halten; darum muß sie hier am guten Gesetz Gottes ihre Bosheit erkennen und fühlen, und nach der Hilfe göttlicher Gnade seufzen und trachten in Christo.

Darum, wo nun Christus kommt, da höret das Gesetz auf, sonderlich das levitische, welches Sünde macht, wo sonst von Art keine Sünde ist, wie gesagt ist. So hören auch die zehn Gebote auf: nicht also, daß man sie nicht halten noch erfüllen sollte, sondern Moses Amt höret drinnen auf, daß es nicht mehr durch die zehn Gebote die Sünde stark macht, und die Sünde nicht mehr des Todes Stachel ist. Denn durch Christus ist die Sünde vergeben, Gott versöhnet, und das Herz hat angefangen, dem Gesetz hold zu sein, so daß Moses Amt es nicht mehr kann strafen und zu Sünden machen, als hätte es die Gebote nicht gehalten und wäre des Todes schuldig, wie es tat vor der Gnade und ehe denn Christus da war.

Das lehret S. Paulus 2. Kor. 3 (7 ff.), da er spricht, daß die Klarheit im Angesicht Moses aufhöret, um der Klarheit willen im Angesichte Jesu Christi. Das ist: das Amt Moses, das uns zu Sünden und Schanden macht mit dem Glanz der Erkenntnis unsrer Bosheit und Nichtigkeit, tut uns nicht mehr weh, schrecket uns auch nicht mehr mit dem Tode. Denn wir haben nun die Klarheit im Angesicht Christi, das ist, das Amt der Gnade, dadurch wir Christum erkennen, mit dessen Gerechtigkeit, Leben und Stärke wir das Gesetz erfüllen, Tod und Hölle überwinden. Wie auch die drei Apostel auf dem Berge Tabor Mose und Elias sahen und doch nicht vor ihnen erschraken, um der lieblichen Klarheit willen im Angesichte Christi. Aber 2. Mose 34 (30. 33), da Christus nicht gegenwärtig war, konnten die Kinder Israel die Klarheit und das Glänzen in Moses Angesicht nicht ertragen, drum mußte er eine Decke davor tun.

Denn es sind dreierlei Schüler des Gesetzes: die ersten, die das Gesetz hören und verachten, führen ein ruchlos Leben, ohne Furcht; zu diesen kommt das Gesetz nicht, und sie sind bezeichnet durch die Kalbdiener in der Wüste, um welcher willen Mose die Tafeln entzweiwarf und das Gesetz nicht zu ihnen brachte.

Die andern, die es angreifen mit eigener Kraft zu erfüllen, ohne Gnade, die sind bezeichnet durch die, die Moses Antlitz nicht sehen konnten, als er zum andernmal die Tafeln brachte. Zu diesen kommt das Gesetz; aber sie leiden's nicht: darum machen sie eine Decke drüber und führen ein heuchlerisches Leben mit äußerlichen Werken des Gesetzes; welches doch das Gesetz alles zu Sünden macht, wo die Decke abgetan wird. Denn das Gesetz erweiset, daß unser Vermögen nichts sei ohne Christi Gnade.

Die dritten sind, die Mose klar ohne Decke sehen. Das sind die, die des Gesetzes Meinung verstehen, wie es unmögliche Dinge fordere. Da gehet die Sünde in der Kraft, da ist der Tod mächtig, da ist des Goliaths Spieß wie ein Weberbaum, und sein Stachel hat sechshundert Lot Erz, daß alle Kinder Israel vor ihm fliehen, es sei denn, der eine David, Christus, unser Herr, erlösete uns von dem allen.

Denn wo nicht Christi Klarheit neben solcher Klarheit Moses käme, könnte niemand solchen Glanz des Gesetzes, der Sünde und des Todes Schrecken ertragen. Diese fallen ab von allen Werken und Vermessenheit und lernen am Gesetz nicht mehr, als allein Sünde erkennen und nach Christo zu seufzen, welches auch das eigentliche Amt Moses und des Gesetzes Art ist.

Also hat Mose auch selbst angezeigt, daß sein Amt und Lehre sollte währen bis auf Christum und alsdann aufhören, da er spricht 5. Mose 18 (15): »Einen Propheten wird dir der Herr, dein Gott, erwecken aus deinen Brüdern, wie mich, den sollst du hören« etc. Dies ist der edelste Spruch und gewiß der Kern im ganzen Mose, welchen auch die Apostel hoch geführt[16] und stark gebraucht haben, das Evangelium zu bekräftigen und das Gesetz abzutun; und alle Propheten haben gar viel draus gezogen. Denn weil Gott hier einen andern Mose verheißet, den sie hören sollen, zwinget sich's[17], daß er etwas andres lehren würde, als Mose, und Mose seine Macht ihm übergibt, und weicht, daß man jenen hören solle. So kann ja derselbe Prophet nicht Gesetz lehren; denn das hat Mose aufs allerhöchste ausgerichtet, und wäre nicht nötig, ums Gesetzes willen einen andern Propheten zu erwecken; darum ist's gewiß von der Gnadenlehre und Christo gesagt.

Darum nennet auch S. Paulus Moses Gesetz das Alte Testament; Christus auch, da er das Neue Testament einsetzet; und ist darum ein Testament, daß Gott darinnen verhieß und beschied dem Volk Israel das Land Kanaan, wenn sie es halten würden. Und gab's ihnen auch, und es ward bestätiget durch Schafes und Bockes Tod und Blut. Aber weil solch Testament nicht auf Gottes Gnaden, sondern auf Menschenwerken stand, mußte es alt werden

16 oft angeführt
17 ergibt sich zwingend

und aufhören und das verheißene Land wieder verloren werden, darum, daß durch Werke das Gesetz nicht kann erfüllet werden. Und mußte ein andres Testament kommen, das nicht alt würde, auch nicht auf unserm Tun, sondern auf Gottes Wort und Werk stünde, auf daß es ewiglich währet. Darum ist's auch durch einer ewigen Person Tod und Blut bestätiget, und ein ewiges Land verheißen und gegeben. Das sei von Moses Büchern und Amt geredet.

Was sind aber nun die andern Bücher der Propheten und der Geschichten? Antwort: Nichts anderes, als was Mose ist; denn sie treiben allesamt Moses Amt und wehren den falschen Propheten, daß sie das Volk nicht auf die Werke führen, sondern in dem rechten Amt Moses und der Erkenntnis des Gesetzes bleiben lassen. Und achten fest darauf, daß sie durch des Gesetzes rechten Verstand die Leute in ihrer eigenen Untüchtigkeit behalten und auf Christum treiben, wie Mose tut. Darum streichen[18] sie auch weiter aus, was Mose von Christo gesagt hat, und zeigen an beiderlei Exempel, derer die Mose recht haben, und derer die ihn nicht recht haben, und aller beider Strafe und Lohn. Also, daß die Propheten nichts andres sind als Handhaber und Zeugen Moses und seines Amtes, daß sie durchs Gesetz jedermann zu Christo bringen.

Aufs letzte sollte ich auch wohl die geistliche[19] Bedeutung zeigen, die durch das levitische Gesetz und das Priestertum Moses vorgelegt ist. Aber es ist davon zuviel zu schreiben, es will Raum und Zeit haben und mit lebendiger Stimme ausgelegt sein. Denn gewißlich ist Mose ein Brunn aller Weisheit und Verstands, daraus gequollen ist alles, was alle Propheten gewußt und gesagt haben. Dazu auch das Neue Testament herausfließt und drein

18 führen
19 allegorische, bildhafte

gegründet ist, wie wir gehört haben. Um aber doch ein kleines kurzes Grifflein[20] zu geben denjenigen, die Gnade und Verstand haben, weiter darnach zu trachten, sei das mein Dienst.

Wenn du willst wohl und sicher deuten, so nimm Christum vor dich; denn das ist der Mann, dem es alles ganz und gar gilt. So mache nun aus dem Hohenpriester Aaron niemanden als Christum alleine, wie die Epistel an die Hebräer tut, welche alleine genugsam ist, alle Figuren[21] Moses zu deuten. Also ist's auch gewiß, daß Christus selbst das Opfer ist, ja auch der Altar, der sich selbst mit seinem eigenen Blut geopfert hat; wie auch dieselbe Epistel meldet. Wie nun der levitische Hohepriester durch solch Opfer nur die gemachten Sünden wegnahm, die von Natur nicht Sünde waren: also hat unser Hohepriester Christus durch das Opfer und Blut seiner selbst die rechte Sünde, die von Natur Sünde ist, weggenommen, und ist einmal durch den Vorhang gegangen zu Gott, daß er uns versöhne. Also daß du alles, was vom Hohenpriester geschrieben ist, auf Christum persönlich und sonst auf niemand deutest.

Aber des Hohenpriesters Söhne, die mit dem täglichen Opfer umgehen, sollst du auf uns Christen deuten, die wir vor unserm Vater Christo, der im Himmel sitzt, hier auf Erden mit dem Leibe wohnen und nicht hindurch sind bei ihm, es sei denn mit dem Glauben geistlich. Derselben Amt, wie sie schlachten und opfern, bedeutet nichts anderes, als das Evangelium predigen, durch welches der alte Mensch getötet und Gott geopfert, durchs Feuer der Liebe im heiligen Geist verbrannt und verzehrt wird, welches gar wohl riechet vor Gott, das ist, es macht ein gut, rein, sicher

20 Begriff
21 Vorausdeutungen auf das Neue Testament (s. u. die erste Vorrede zum Psalter S. 62 f.)

56

Gewissen vor Gott. Diese Deutung trifft S. Paulus Röm. 12 (1), da er lehret, wie wir unsre Leiber sollen opfern Gott zum lebendigen, heiligen, angenehmen Opfer, welches wir tun, wie gesagt, durch stetige Übung des Evangelii mit Predigen und Glauben. Das sei diesmal genug zur kurzen Anleitung, Christum und das Evangelium zu suchen im Alten Testament.

Es[22] soll auch wissen, wer diese Bibel lieset, daß ich mich beflissen habe, den Namen Gottes, den die Juden das Tetragramm[23] heißen, mit großen Buchstaben auszuschreiben, nämlich also: HERR, und den anderen, den sie heißen Adonai, halb mit großen Buchstaben, nämlich also: HErr; denn unter allen Namen Gottes werden diese zwei allein dem rechten, wahren Gott in der Schrift zugeeignet; die anderen aber werden oft auch den Engeln und Heiligen zugeschrieben. Das habe ich darum getan, weil man daraus gar mächtiglich schließen[24] kann, daß Christus wahrer Gott ist, weil ihn Jeremia 23 (6) HERR nennet, da er spricht: Sie werden ihn heißen HERR, unser gerechter. Also an mehr Orten desgleichen zu finden ist.

Hiermit befehle ich alle meine Leser Christo und bitte, daß sie mir helfen bei Gott erlangen, dies Werk nützlich hinauszuführen. Denn ich bekenne frei, daß ich mich zuviel unterwunden habe, sonderlich das Alte Testament zu verdeutschen. Denn die hebräische Sprache liegt leider zu sehr darnieder, daß auch die Juden selbst wenig genug davon wissen und ihrem Glossieren und Deuten (das ich versucht[25] habe) nicht zu trauen ist. Und achte, soll die Bibel hervorkommen, so müssen wir's tun, die Christen sind, als die den Verstand Christi haben, ohne welchen

22 Das Folgende bis zum Schluß fehlt seit der Ausgabe von 1534.
23 die vier Buchstaben JHWH (Jahwe)
24 beweisen
25 erprobt

auch die Kunst der Sprache nichts ist. Welches Mangels halben viele der alten Dolmetscher, auch Hieronymus, an vielen Orten gefehlet haben. Ich aber, wiewohl ich mich nicht rühmen kann, daß ich alles erlanget habe, wage ich doch das zu sagen, daß diese deutsche Bibel lichter und gewisser ist an vielen Orten als die lateinische, so daß es wahr ist: wo die Drucker sie mit ihrem Unfleiß (wie sie pflegen) nicht verderben, hat gewißlich hier die deutsche Sprache eine bessere Bibel als die lateinische Sprache; des berufe ich mich auf die Leser.

Nun wird sich auch der Kot an das Rad hängen, und wird keiner so grob[26] sein, der hier nicht wolle Meister über mich sein und mich hier und da tadeln. Wohlan, die lasse ich fahren. Ich hab's von Anfang wohl bedacht, daß ich eher zehntausend finden wollte, die meine Arbeit tadeln, ehe ich einen fände, der mir das zwanzigste Teil nachtäte. Ich wollte auch gar gelehrt sein und meine Kunst köstlich beweisen, wenn ich sollte S. Hieronymus' lateinische Bibel tadeln; aber er sollte mir auch wohl wiederum Trotz bieten, daß ich's ihm nachtäte. Ist nun jemand so sehr über mich gelehrt, der nehme sich die Bibel ganz vor zu verdeutschen und sage mir darnach wieder, was er kann. Macht er's besser, warum sollte man ihn nicht mir vorziehen? Ich meinte auch, ich wäre gelehret, und weiß mich auch gelehrter als aller hohen Schulen Sophisten, von Gottes Gnaden. Aber nun sehe ich, daß ich auch noch nicht meine angeborene deutsche Sprache kann. Ich habe auch noch bisher kein Buch noch Brief gelesen, da rechte Art deutscher Sprache innen wäre. Es achtet auch niemand recht deutsch zu reden; sonderlich der Herren Kanzleien und die Lumpenprediger und Puppenschreiber, die sich lassen dünken, sie haben Macht, die deutsche Sprache zu ändern, und

26 ungebildet

dichten uns täglich neue Wörter: »beherzigen«, »behändi-
gen«, »ersprießlich«, »erschießlich«[27] und dergleichen. Ja,
lieber Mann, es ist wohl betöret und ernarret[28] dazu.

Summa, wenn wir gleich alle zusammen täten, wir
hätten dennoch alle genug an der Bibel zu schaffen, daß wir
sie ans Licht brächten; einer mit Verstand[29], der andre mit
der Sprache. Denn auch ich nicht alleine hierinnen habe
gearbeitet, sondern dazu gebraucht, wo ich nur jemand
habe bekommen können. Darum bitte ich, jedermann lasse
sein Lästern und die armen Leute unverwirret, sondern
helfe mir, wo er kann. Will er das nicht, so nehme er die
Bibel selbst vor und mache sich eine eigene. Denn diejenigen, die nur lästern und zwacken, sind sicherlich nicht so
fromm und redlich, daß sie gerne wollten eine lautere Bibel
haben, sintemal sie wissen, daß sie es nicht vermögen;
sondern wollten gern Meister Klügling in fremder Kunst
sein, die in ihrer eigenen Kunst noch nie Schüler worden
sind. Gott wolle sein Werk vollführen, das er angefangen
hat! Amen.

Vorrede über das Buch Hiob

1524

Das Buch Hiob ist nicht ein schwer Buch des Sinnes halben,
sondern allein der Sprache halben. Denn, der es gestellet[30]
hat, gehet mit der Frage um, ob auch den Frommen
Unglück von Gott widerfahre. Hier stehet Hiob fest und
hält[31], daß Gott auch die Frommen ohne Ursach, allein zu

27 förderlich
28 töricht und närrisch
29 Verständnis, Auslegung
30 verfaßt
31 sagt

seinem Lobe peiniget. Wie Christus Joh. 9 (3) von dem, der blind geboren war, auch zeuget.

Dawider setzen sich seine Freunde und treiben groß und lang Geschwätz, wollen Gott recht erhalten, daß er keinen Frommen strafe; strafe er aber, so müsse derselbe gesündigt haben. Und haben so einen weltlichen und menschlichen Gedanken von Gott und seiner Gerechtigkeit, als wäre er, gleich wie Menschen sind, und seine Rechte, wie der Welt Recht ist.

Wie wohl auch Hiob, als der in Todesnöten liegt, aus menschlicher Schwachheit zu viel wider Gott redet und im Leiden sündiget, und doch darauf bleibet, er habe solch Leiden nicht verschuldet vor andern, wie es denn auch wahr ist. Aber zuletzt urteilt Gott, daß Hiob, indem er wider Gott geredet hat im Leiden, unrecht geredet habe; doch was er wider seine Freunde gehalten hat von seiner Unschuld vor dem Leiden, recht geredet habe. Also führet dieses Buchs Dichter diese Historia endlich dahin, daß Gott allein gerecht ist, und doch wohl ein Mensch wider den andern gerecht ist auch vor Gott.

Es ist aber uns zu Trost geschrieben, daß Gott seine großen Heiligen also läßt straucheln, sonderlich in der Widerwärtigkeit. Denn ehe Hiob in Todesangst kommt, lobet er Gott über den Raub seiner Güter und Tod seiner Kinder. Aber da ihm der Tod unter Augen gehet und Gott sich entzieht, geben seine Worte Anzeigen, was für Gedanken ein Mensch habe, er sei wie heilig er wolle, wider Gott in Todesangst; wie ihn dünkt, daß Gott nicht Gott, sondern nur Richter und zorniger Tyrann sei, der mit Gewalt verfahre und frage nach niemandes gutem Leben. Dies ist das höchste Stück in diesem Buch. Das verstehn alleine die, welche auch erfahren und fühlen, was es sei, Gottes Zorn und Urteil leiden, und daß seine Gnade verborgen sei.

Die[32] Rede aber dieses Buchs ist so reisig[33] und prächtig, als freilich keines Buchs in der ganzen Schrift. Und wenn man's sollte allenthalben von Wort zu Wort und nicht meistens nach dem Sinn verdeutschen (wie die Juden und unverständige Dolmetscher wollen), würde es niemand verstehen können, etwa wenn er dergleichen redet: »Die Durstigen werden sein Gut aussaufen« (Kap. 5, 5), das ist: die Räuber werden's ihm nehmen. Item: »Die Kinder des Hochmuts sind nie darauf gegangen« (Kap. 28, 8 Vulgata), das ist: die jungen Löwen, die stolz hergehen, und dergleichen viel. Item: »Licht« heißt er Glück (Kap. 18, 18), »Finsternis« Unglück (Kap. 17, 13) etc. Derhalben achte ich, dies dritte Teil[34] werde müssen herhalten und von den Klüglingen getadelt werden, es sei gar ein ander Buch, als die lateinische Bibel hat. Die lassen wir fahren. Wir haben den Fleiß drangewandt, daß wir deutliche und jedermann verständliche Rede geben, mit unverfälschtem Sinn und Verstand; können leiden, daß jemand es besser mache.

Erste Vorrede auf den Psalter

1524

Es ist die hebräische Sprache so reich, daß keine Sprache sie kann genugsam erlangen[35]. Denn sie hat viel Wörter, die da singen, loben, preisen, ehren, freuen, betrüben etc. heißen, wo wir kaum eines haben. Und sonderlich in göttlichen heiligen Sachen ist sie reich mit Worten, daß sie wohl zehn Namen hat, womit sie Gott nennt, wo wir nicht mehr

---

32 Dieser Abschnitt fehlt seit 1534.
33 kraftvoll, kühn
34 von Luthers Übersetzung des Alten Testaments (1524)
35 ihr gleichkommen

haben als das einzige Wort: Gott; daß sie wohl billig eine heilige Sprache heißen mag. Derhalben keine Verdolmetschung so frei gehen kann, als es im Hebräischen selbst lautet; ohne was noch ist[36] der verblümten Worte, die man Figuren nennt, darinnen sie auch alle Zungen übertrifft. Doch daß der Psalter an etlichen Orten desto heller werde, will ich etliche Wörter hier weiter ausstreichen[37].

Im Psalter und sonst hin und wieder begegnen oft diese zwei Worte bei einander: *Barmherzigkeit* und *Wahrheit,* welche von etlichen sind wild und wüst gezogen. Die habe ich verdeutscht also: Güte und Treue; und ist eigentlich, was wir auf frei deutsch sagen: Liebe und Treue, wenn wir pflegen zu sagen: Er hat mir Liebe und Treue bewiesen. Aber ich hab's nicht dürfen wagen so frei zu verdeutschen. Denn Chesed, das sie Barmherzigkeit und ich Güte habe verdeutscht, heißt eigentlich das, wenn man jemand Freundschaft, Liebe oder Wohltat erzeigt, wie es Christus Matth. 12 (7) aus Hosea (6, 6) selbst deutet und spricht: »Ich habe Lust an der Barmherzigkeit und nicht am Opfer«; das ist, ich will, daß man Freundschaft, Liebe und Wohltat beweise, lieber als opfern.

So heißt Wahrheit Treue, daß man sich auf einen verlassen darf und Zuflucht zu ihm habe, und derselbe halte, was er geredet und wes man sich zu ihm versiehet. Also läßt sich Gott auch rühmen gegen uns in der Schrift allenthalben, daß er barmherzig und treu sei, das ist, daß er Liebe und Treue beweiset und uns alle Freundschaft und Wohltat erzeiget und wir uns auf ihn verlassen können tröstlich[38], daß er tut und hält treulich, wes man sich zu ihm versiehet. Solche Treue und Wahrheit heißt Emeth. Daher kommt Emuna, welches S. Paulus selbst aus Habakuk verdol-

36 abgesehen noch von den
37 ausführen, erklären
38 zuversichtlich

metscht: Glaube, Röm. 1 (17): »Der Gerechte lebet seines Glaubens.« Und wird im Psalter oft zu Gott gesagt: dein Glaube, oder: in deinem Glauben, darum daß er solchen Glauben gibt und auf seine Treue baut; so daß die zwei Worte Wahrheit und Glaube im Hebräischen fast gleich, und schier eins für das andere genommen wird. Wie auch auf deutsch wir sagen: der hält Glauben, der wahrhaftig und treu ist. Wiederum wer mißtraut, den hält man für falsch und ungläubig.

Darnach kommen die zwei Worte: *Gericht und Gerechtigkeit,* welche wir auch nicht wohl wiedergeben können. Denn das Wörtlein Gericht, wenn's allein steht, heißt es einmal ein Richteramt, wie Ps. 7 (7): »Erwecke das Gericht, das du geboten hast«; richten heißt dann regieren. Ein andermal heißt es Gottes Gebot, wie Ps. 119 (26): »Lehre mich deine Gerichte.« Item eine Gewohnheit oder Recht, wie 2. Mose 21 (9): »Er soll mit ihr tun nach dem Gericht der Tochter«, das ist Tochterrecht, oder wie man einer Tochter pflegt zu tun. Wenn's aber bei dem Wort Gerechtigkeit stehet, so ist es des Gerichtswerkes die Hälfte, nämlich das Urteil, mit dem das Gottlose und Unrecht verurteilt, gehasset[39] und gestraft wird; und Gerechtigkeit heißt das andre Teil, mit dem die Unschuld beschirmt, erhalten und gefördert wird. Für dies alles wollte ich auf deutsch gerne sagen: recht und redlich; wie man spricht: er hat die Sache recht und redlich gewonnen. Aber ich durfte nicht so weit von den Worten gehen.

Wenn es nun im Psalter oder sonst dir vorkommt, daß er nicht schlechthin von Gericht und Gerechtigkeit, sondern von Gottes Gericht und Gerechtigkeit redet oder zu Gott spricht: deine Gerichte und Gerechtigkeit, so mußt du unter Gerechtigkeit den Glauben verstehen und unter

---

39 geahndet (ursprünglich gehetzt, verfolgt)

Gericht die Tötung des alten Adams. Denn Gott tut beides durch sein Wort. Er verurteilet, verdammt, straft und tötet, was Fleisch und Blut ist, rechtfertiget aber und macht unschuldig den Geist durch den Glauben. Das heißt dann Gottes Gericht und Gerechtigkeit. Das Gericht übet er durchs Wort seines Gesetzes, Röm. 7 (11): Das Gesetz tötet; die Gerechtigkeit durchs Wort des Evangelii, welches der Geist durch den Glauben annimmt Röm. 1 (17), wie das Fleisch die Tötung durch Geduld leiden muß. Dergleichen mehr wird mit der Zeit die Übung selbst klar und erkenntlich machen.

Zweite Vorrede auf den Psalter

1528

Es haben viele heilige Väter den Psalter sonderlich vor andern Büchern der Schrift gelobt und geliebt. Zwar lobt das Werk seinen Meister selbst genug, doch müssen wir unser Lob und Dank auch daran beweisen.

Man hat in vergangenen Jahren sehr viel Legenden von den Heiligen und Passionale[40], Exempelbücher und Historien umhergeführt, und die Welt damit erfüllet, so daß der Psalter dieweil unter der Bank und in solcher Finsternis lag, daß man wohl nicht einen Psalm recht verstand, und er doch so trefflichen, edlen Geruch von sich gab, daß alle frommen Herzen auch aus den unbekannten Worten Andacht und Kraft empfanden, und das Büchlein darum lieb hatten.

Ich halte aber, daß kein feiner Exempelbuch oder Legenden der Heiligen auf Erden gekommen sei oder kommen

40 mittelalterliche Sammlung von Christus-, Marien- und Heiligenlegenden

möge, als der Psalter ist. Und wenn man wünschen sollte, daß aus allen Exempeln, Legenden, Historien das Beste ausgelesen und zusammengebracht und auf die beste Weise gestellet[41] würde, so müßte es der jetzige Psalter werden. Denn hier finden wir nicht allein, was einer oder zwei Heilige getan haben, sondern was das Haupt selbst aller Heiligen getan hat und noch alle Heiligen tun: wie sie gegen Gott, gegen Freunde und Feinde sich stellen, wie sie sich in aller Gefahr und Leiden halten und schicken; über das, daß allerlei göttliche, heilsame Lehren und Gebote darinnen stehen.

Und sollte der Psalter allein deshalb teuer und lieb sein, daß er von Christi Sterben und Auferstehung so klärlich verheißet und sein Reich und der ganzen Christenheit Stand und Wesen vorbildet, daß er wohl möchte eine kleine Biblia heißen, darin alles aufs schönste und kürzeste, wie in der ganzen Biblia stehet, gefasset, und zu einem feinen Enchiridion oder Handbuch gemacht und bereitet ist; daß mich dünkt, der Heilige Geist habe selbst wollen die Mühe auf sich nehmen und eine kurze Bibel und Exempelbuch von der ganzen Christenheit oder allen Heiligen zusammenbringen, auf daß, wer die ganze Biblia nicht lesen könnte, hätte hierin doch fast die ganze Summa, verfasset in ein klein Büchlein.

Aber über das alles ist des Psalters edle Tugend[42] und Art, daß andere Bücher wohl viel von Werken der Heiligen rumpeln, aber gar wenig von ihren Worten sagen. Da ist der Psalter ein Ausbund[43], darin er auch so wohl und süße riecht, wenn man drinnen lieset, daß er nicht allein die Werke der Heiligen erzählet, sondern auch ihre Worte, wie sie mit Gott geredet und gebetet haben und noch reden und

41 gestattet
42 Eigenschaft
43 Muster

beten, so daß die andern Legenden und Exempel, wo man sie gegen den Psalter hält, uns schier eitel stumme Heilige vorhalten, aber der Psalter rechte wackere, lebendige Heilige uns einbildet. Es ist ja ein stummer Mensch gegen einen redenden schier als ein halbtoter Mensch zu achten. Und kein kräftiger, noch edler Werk am Menschen ist als Reden, sintemal der Mensch durchs Reden von andern Tieren am meisten geschieden wird, mehr als durch die Gestalt oder andere Werke, weil auch wohl ein Holz kann eines Menschen Gestalt durch Schnitzerkunst haben, und ein Tier sowohl sehen, hören, riechen, singen, gehen, stehen, essen, trinken, fasten, dürsten, Hunger, Frost und hartes Lager leiden kann wie ein Mensch.

Zudem tut der Psalter noch mehr, daß er nicht schlechte[44], gemeine Reden der Heiligen uns vorbildet, sondern die allerbesten, die sie mit großem Ernst in den allertrefflichsten[45] Sachen mit Gott selber geredet haben. Damit er nicht allein ihr Wort über ihr Werk, sondern auch ihr Herz und gründlichen Schatz ihrer Seele uns vorlegt, daß wir in den Grund und Quelle ihrer Worte und Werke, das ist, in ihr Herz sehen können, was sie für Gedanken gehabt haben, wie sich ihr Herz gestellet und gehalten hat in allerlei Sachen, Gefahr und Not. Welches nicht so tun noch tun können die Legenden oder Exempel, die allein von der Heiligen Werk oder Wunder rühmen. Denn ich kann nicht wissen, wie sein Herz stehet, ob ich gleich viel treffliche Werke von einem sehe oder höre. Und gleichwie ich gar viel lieber wollte einen Heiligen reden hören als seine Werke sehen, also wollte ich noch viel lieber sein Herz und den Schatz in seiner Seele sehen, als sein Wort hören. Das gibt aber uns der Psalter aufs allerreichlichste an den Heiligen, daß wir gewiß sein können, wie ihr Herz gestan-

44 schlichte, gewöhnliche
45 wichtigsten

66

den und ihre Worte gelautet haben gegen Gott und jedermann.

Denn ein menschlich Herz ist wie ein Schiff auf einem wilden Meer, welches die Sturmwinde von den vier Orten der Welt treiben. Hier stößt her Furcht und Sorge vor zukünftigem Unfall; dort fähret Grämen her und Traurigkeit von gegenwärtigem Übel. Hier weht Hoffnung und Vermessenheit von zukünftigem Glück; dort bläset her Sicherheit und Freude in gegenwärtigen Gütern. Solche Sturmwinde aber lehren mit Ernst reden und das Herz öffnen und den Grund herausschütten. Denn wer in Furcht und Not steckt, redet ganz anders von Unfall, als der in Freuden schwebt. Und wer in Freuden schwebt, redet und singet ganz anders von Freuden, als der in Furcht steckt. Es gehet nicht von Herzen (spricht man), wenn ein Trauriger lachen oder ein Fröhlicher weinen soll; das ist, seines Herzens Grund stehet nicht offen und ist nicht heraus.

Was ist aber das meiste im Psalter anders als solch ernstlich Reden in allerlei solchen Sturmwinden? Wo findet man feinere Worte von Freuden, als die Lobpsalmen oder Dankpsalmen haben? Da siehest du allen Heiligen ins Herz wie in schöne lustige Gärten, ja wie in den Himmel, wie feine, herzliche, lustige Blumen darinnen aufgehen von allerlei schönen, fröhlichen Gedanken gegen Gott und seine Wohltat. Wiederum, wo findest du tiefere, kläglichere, jämmerlichere Worte von Traurigkeit als die Klagepsalmen haben? Da siehest du abermal allen Heiligen ins Herz wie in den Tod, ja wie in die Hölle. Wie finster und dunkel ist's da von allerlei betrübtem Anblick des Zorns Gottes! Also auch, wo sie von Furcht oder Hoffnung reden, brauchen sie solche Worte, daß dir kein Maler also könnte die Furcht oder Hoffnung abmalen, und kein Cicero oder Redekundiger also vorbilden.

Und, wie gesagt, ist das das Allerbeste, daß sie solche

Worte gegenüber Gott und mit Gott reden, welches macht, daß zweifältiger Ernst und Leben in den Worten sind. Denn wo man sonst gegen Menschen in solchen Sachen redet, gehet es nicht so stark von Herzen, brennet, lebt und dringet nicht so sehr. Daher kommt's auch, daß der Psalter aller Heiligen Büchlein ist, und ein jeglicher, in welcherlei Sache er ist, Psalmen und Worte drinnen findet, die sich auf seine Sache reimen[46] und ihm so eben[47] sind, als wären sie allein um seinetwillen also gesetzt, daß er sie auch selbst nicht besser setzen noch finden kann noch wünschen mag. Welches denn auch dazu gut ist, daß, wenn einem solche Worte gefallen und sich mit ihm reimen[48], daß er gewiß wird, er sei in der Gemeinschaft der Heiligen, und es sei allen Heiligen gegangen, wie es ihm gehet, weil sie *ein* Liedlein alle mit ihm singen; sonderlich wenn er sie auch also kann gegen Gott reden, wie sie getan haben, welches im Glauben geschehen muß. Denn einem gottlosen Menschen schmecken sie nicht.

Zuletzt ist im Psalter die Sicherheit und ein wohlverwahret Geleit, daß man allen Heiligen ohne Gefahr drinnen nachfolgen kann. Denn andere Exempel und Legenden von den stummen Heiligen bringen manch Werk vor, das man nicht kann nachtun. Viel mehr Werke aber bringen sie, die gefährlich sind nachzutun und gemeiniglich Sekten und Rotten[49] anrichten und von der Gemeinschaft der Heiligen führen und reißen. Aber der Psalter hält dich von den Rotten zu der Heiligen Gemeinschaft, denn er lehret dich, in Freuden, Furcht, Hoffnung, Traurigkeit gleichgesinnet sein und reden, wie alle Heiligen gesinnet und geredet haben.

46 passen
47 gemäß
48 diese Worte
49 Spaltungen

Summa, willst du die heilige christliche Kirche gemalet sehen mit lebendiger Farbe und Gestalt, in einem kleinen Bilde gefasset, so nimmt den Psalter vor dich, so hast du einen feinen, hellen, reinen Spiegel, der dir zeigen wird, was die Christenheit sei. Ja, du wirst auch dich selbst drinnen und das rechte Gnothi seauton[50] finden, dazu Gott selbst und alle Kreaturen.

Darum laßt uns nun auch vorsehen[51], daß wir Gott danken für solche unaussprechliche Güter und mit Fleiß und Ernst dieselbigen annehmen, brauchen und üben, Gott zu Lob und Ehre, auf daß wir nicht mit unserer Undankbarkeit etwas Ärgeres verdienen. Denn vorher, zur Zeit der Finsternis, welch ein Schatz hätte es sollen geachtet sein, wer einen Psalmen hätte können recht verstehen und im verständlichen Deutsch lesen oder hören; und haben's doch nicht gehabt. Nun aber sind selig die Augen, die da sehen, was wir sehen, und die Ohren, die da hören, was wir hören. Und ich besorge,[52] doch, ja leider sehen wir's, daß es uns gehet, wie den Juden in der Wüste, da sie sprachen vom Himmelbrot: »Unsere Seele ekelt vor der geringen Speise« (4. Mose 21, 5). Und wir sollen auch wissen, daß dabei stehet, wie sie geplagt und gestorben sind; daß es uns nicht auch so gehe. Das helfe uns der Vater aller Gnaden und Barmherzigkeit durch Jesum Christum, unsern Herrn. Welchem sei Lob und Dank, Ehre und Preis für diesen deutschen Psalter und für alle seine unzählige, unaussprechliche Wohltat in Ewigkeit. Amen, Amen!

50 Erkenne dich selbst
51 uns vornehmen
52 sorge mich

Der Psalter hat vor andern Büchern der heiligen Schrift die Tugend[54] an sich, daß er nicht allein allerlei Gutes lehret und Exempel vorlegt, sondern auch aufs allerfeinste mit auserwählten Worten zeigt und weiset, wie man Gottes Gebot solle halten und erfüllen; das ist wie ein Herz geschickt sein soll, das einen rechten Glauben habe, und wie ein gut Gewissen sich halte gegen Gott in allen Zufällen[55], wie es zu trösten und aufzurichten sei. Summa, der Psalter ist eine rechte Schule, darin man den Glauben und gut Gewissen zu Gott lernt, übet und stärkt.

Darum siehest du auch, daß schier kein Psalm ist, der nicht rühmet von Gottes Treue, Wahrheit, Wort, Gerechtigkeit, und übt also damit das Gewissen im Glauben zu Gott, daß man begreifen muß, Gottes Gebot erfüllen bestehe in aufrichtigem Glauben, in tröstlicher Zuversicht zu seiner Gnade und in fröhlichem Gewissen auf seine Barmherzigkeit. Ein solch Herz, das in Gott guten Mutes ist, das tut's, das ist's, was allen Gotteswillen frei und mit Lust tut und leidet.

Aber daneben siehest du auch das Kreuz schier in allen Psalmen, da ist ein Klagen und Schreiben über die Verfolger, ein Strafen und Schelten über die Gottlosen. Denn wer im Glauben leben soll, der muß viel um Gottes willen äußerlich leiden und den alten Adam töten lassen, so daß also beide Stücke im ganzen Psalter reichlich und mächtig in der Übung gehen: eins, wie der Geist im Glauben durch Gottes Wort und Wahrheit lebt, ficht, tut und zunimmt; das andere, wie das Fleisch stirbt, leidet, unterliegt und

53 Aus dem Psalterdruck 1525, fiel seit 1528 wieder fort.
54 Vorzug
55 Unglück

abnimmt. Und gehet also der Glaube im Tod und lebet doch.

Wer nun den Psalter recht lesen und verstehen will, der muß auf diese zwei Stücke drinnen acht haben, so wird er finden, welch ein süß und fein Büchlein es sei, und wird drinnen lernen allerlei Lehre, Trost, Stärke und Freude; alle Wonne, wie es sein Herz möcht wünschen.

Nachwort zum Psalter[56]

1531

Dem Leser. Ob jemand klügeln wollte und vorgeben, wir hätten den Psalter zu fern von den Worten gezogen, der sei bei sich selbst klug und laß uns diesen Psalter ungetadelt. Denn wir haben's wissentlich getan und wahrlich alle Worte auf der Goldwaage gehalten und mit allem Fleiß und Treue verdeutschet, und sind auch gelehrter Leute genug dabei gewesen. Doch lassen wir unsern vorigen deutschen Psalter [1524] auch bleiben um derer willen, die da begehren zu sehen unser Exempel und Fußstapfen, wie man mit Dolmetschen näher und näher kommt. Denn der vorige deutsche Psalter ist an viel Orten dem Hebräischen näher und dem Deutschen ferner; dieser ist dem Deutschen näher und dem Hebräischen ferner. Davon weiter, so Gott will, in den Summarien[57].

56 Nur in den Wittenberger Psalterdrucken von 1531-1544, nicht in den Bibeln.
57 Summarien über die Psalmen und Ursachen des Dolmetschens, 1532

Billig sollte ein jeder Christ, der beten und andächtig sein will, den Psalter lassen sein täglich Betbüchlein sein. Und auch wohl gut wäre, daß ein jeglicher Christ denselben so übete und so geläufig darinnen würde, daß er ihn von Wort zu Wort auswendig könnte und immer in dem Munde hätte, so oft ihm etwas vorkäme zu reden oder zu tun, daß er einen Spruch daraus führen und anziehen könnte, wie ein Sprichwort. Denn es ist ja die Wahrheit, daß alles, was ein andächtig Herz mag zu beten wünschen, dazu findet er seine Psalmen und Worte, so eben und lieblich, daß kein Mensch, ja alle Menschen nicht können so gute Weise, Worte und Andacht erdenken. Zudem so lehret und tröstet er auch eben im Gebet, und ist durchs Vaterunser, und das Vaterunser durch ihn also gezogen, daß man eines aus dem andern sehr fein verstehen kann, und sie lustiglich[59] zusammenstimmen.

Darum sollte man nicht allein die vorigen Betbücher, in denen fast eitel unchristliche Lügen und Mißbräuche, auch in den besten Gebetlein, darin unsers Herrn Leiden wird angeführt und doch nicht zum Glauben, sondern zu zeitlichem Nutz und Brauch schändlich gebraucht wird, verbieten und hinweg tun, sondern auch zusehen, daß der neuen Gebetlein keins wieder einreiße. Denn es fängt bereits an, daß schier ein jeder seiner Andacht nach will Gebetlein, auch des Psalters Paraphrases[60] machen, und also seine Arbeit in der Kirche und bei den Christen gerühmet und gebraucht sehen, gerade als wäre der Psalter oder das

---

58 Geschrieben für die von Pfalzgraf Ottheinrich veranlaßte Psalterausgabe Neuburg (Donau) 1545. Vgl. WA Dt. Bibel 10 II, 152 ff.
59 schön
60 Umschreibungen

Vaterunser ein schlechtes, geringes Ding. Und wo man hier nicht wird einsehen und Maß finden, wird der Psalter und Vaterunser in die vorige Verachtung kommen. Gut lasse ich sie sein, zum Teil; aber der Psalter und Vaterunser sollen besser, ja das beste sein. Wer die recht beten lernet, der hat wohl beten gelernt, weit über alle Gebete, sonderlich weil der Psalter nun von Gottes Gnade verständlich verdeutscht ist.

Ich habe eine Historie gehört, wie eine andächtige Person das Vaterunser so lieb gehabt, daß sie mit Tränen vor großer Andacht dasselbe betete. Da wollte ein Bischof guter Meinung[61] die Andacht bessern, nahm ihr das Vaterunser, gab ihr viel gute andächtige Gebetlein; aber da verlor sie alle Andacht und mußte die andächtigen Gebetlein lassen fahren und das Vaterunser wieder annehmen. Ich meine auch, wer's sollte ein wenig versuchen mit Ernst am Psalter und Vaterunser, der sollte gar bald den andächtigen Gebetlein Urlaub geben und sagen: Ach, es ist nicht der Saft, Kraft, Brunst und Feuer, die ich im Psalter finde, es schmeckt mir zu kalt und zu hart etc.

Unser lieber Herr, der uns den Psalter und das Vaterunser zu beten gelehrt und gegeben hat, verleihe uns auch den Geist des Gebets und Gnade, daß wir mit Lust und ernstem Glauben stark und ohne Aufhören beten; denn es tut uns not. So hat er's geboten, und will's also von uns haben. Dem sei Lob, Ehre und Dank in Ewigkeit. Amen.

61 in guter Absicht

Vorrede auf die Bücher Salomonis[62]

1534

Drei Bücher haben den Namen Salomonis. Das *erste* ist Proverbia, *die Sprüche,* welches billig ein Buch heißen mag von guten Werken; denn er darin lehret ein gut Leben führen vor Gott und der Welt. Und sonderlich nimmt er vor sich die liebe Jugend und zieht sie ganz väterlich zu Gottes Geboten, mit tröstlichen[63] Verheißungen, wie wohl es den Frommen gehen solle, und mit Dräuen, wie die Bösen gestraft werden müssen: weil die Jugend, von sich selber zu allem Bösen geneigt, dazu als ein unerfahren Volk die Welt und des Teufels List und Bosheit nicht verstehet und den bösen Exempeln und Ärgernissen zu widerstehen viel zu schwach ist, und sich selbst ja nicht vermag zu regieren; sondern, wo sie nicht erzogen wird, ehe sie sich umsiehet, verderbet und verloren ist.

Darum bedarf sie wohl und muß haben Lehrer und Regierer, die sie vermahnen, warnen, strafen, züchtigen und immer zu Gottes Furcht und Gebot halten, dem Teufel, der Welt und Fleisch zu wehren. Wie denn Salomo in diesem Buch mit allem Fleiß und reichlich tut und seine Lehre in Sprüche fasset, damit sie desto leichter erfasset und lieber behalten werden; so daß billig ein jeglicher Mensch, der fromm zu werden gedenkt, solch Buch wohl möchte für sein täglich Handbuch oder Betbuch halten und oft drinnen lesen und sein Leben drinnen ansehen.

Denn es muß doch der Wege einen gehen, entweder daß man sich lasse den Vater züchtigen oder den Henker strafen. Wie man spricht: Entläufst du mir, du entläufst

---

62 Seit der ersten Gesamtbibel von 1534 ersetzte Luther die beiden Vorreden zu den Sprüchen und dem Prediger Salomo durch diesen zusammenfassenden Prolog.

63 ermutigenden

dem Henker nicht. Und wäre gut, daß man der Jugend solches immer einbildet[64], daß sie ungezweifelt wissen müßte, daß sie entweder des Vaters Rute oder des Henkers Schwert müsse leiden; wie Salomo in diesem Buch immer mit dem Tode dräuet den Ungehorsamen. Denn es wird doch nichts anders draus, Gott läßt nichts ungestraft. Wie man denn in der Erfahrung siehet, daß die ungehorsamen bösen Buben so gar wunderlich untergehen und zuletzt doch dem Henker in die Hände kommen, wenn sie sich's am wenigsten versehen und am sichersten sind. Des alles sind öffentliche Zeugen und Zeichen die Galgen, Räder und Rabensteine[65] am Wege vor allen Städten, welche Gott dahin gesetzt hat durchs weltliche Regiment, zum Schrekken aller, die sich nicht wollen lassen mit Gottes Wort erziehen und den Eltern nicht gehorchen.

Darum nennet Salomo in diesem Buche Narren alle die, welche Gottes Gebot verachten, und Weise, die nach Gottes Gebot sich halten. Und trifft damit nicht allein die Jugend, die er vornehmlich zu lehren vornimmt, sondern allerlei Stände, vom höchsten an bis zum alleruntersten. Denn gleichwie die Jugend ihre eigenen Laster hat wider Gottes Gebot, also haben alle andern Stände auch ihre Laster, und wohl ärger als der Jugend Laster sind; wie man spricht: Je älter, je ärger. Und abermal: Alter hilft vor keiner Torheit.

Und wenn sonst nichts wäre Böses in den andern und hohen Ständen, als da ist Geiz, Hoffart, Haß, Neid etc., so ist doch dies eine Laster böse genug, daß sie klug und weise sein wollen, wo sie nicht sein sollen, und jedermann geneigt anders zu tun, als ihm befohlen ist, und zu lassen, was ihm befohlen ist. So zum Beispiel, wer im geistlichen Amt ist, der will klug und tätig sein im weltlichen, und ist

64 eingeprägte
65 Richtplatz

75

seiner Weisheit hier kein Ende; wiederum, wer in weltlichem Amt ist, dem wird das Haupt zu enge vor übriger Kunst[66], wie das geistliche Amt zu regieren sei.

Solcher Narren sind alle Lande, alle Städte, alle Häuser voll, und werden in diesem Buch gar fleißig gestraft, und ein jeglicher vermahnet, daß er des Seinen warte und, was ihm befohlen ist, treulich und fleißig ausrichte. Und ist auch keine Tugend größer als gehorsam sein und warten, was ihm zu tun befohlen ist. Das heißen weise Leute. Die Ungehorsamen heißen Narren, wiewohl sie nicht wollen ungehorsam noch Narren sein oder heißen.

Das *zweite* Buch heißt Koheleth, das wir den Prediger heißen, und ist ein Trostbuch. Denn, wenn nun ein Mensch nach der Lehre des ersten Buchs will gehorsam leben und seines Befehls oder Amts warten, so sperret sich der Teufel, Welt und eigen Fleisch so dawider, daß der Mensch müde und verdrossen wird seines Stands, und reuet ihn alles, was er angefangen hat; denn es will nirgend voran, wie er's gerne hätte. Da erhebt sich denn Mühe und Arbeit, Unlust, Ungeduld und Murren, daß einer will Hände und Füße lassen gehen und nichts mehr tun. Denn wo der Teufel nicht kann zur rechten Seite mit Vorwitz und Lust dem Gehorsam wehren, so will er's zur linken Seite mit Mühe und Widerwärtigkeit hindern.

Wie nun Salomo im ersten Buch lehret Gehorsam wider den tollen Kitzel und Vorwitz, also lehret er in diesem Buch wider die Unlust und Anfechtung geduldig und beständig sein im Gehorsam und immerdar des Stündleins[67] mit Frieden und Freuden harren und, was er nicht halten noch ändern kann, immer fahren lassen, es wird sich wohl finden, etc.

---

66 überfließendem Wissen
67 letzten Stündleins

Das *dritte* Buch[68] ist ein Lobgesang, darin Salomo Gott lobt für den Gehorsam als für eine Gottesgabe. Denn wo Gott nicht haushält und selbst regiert, da ist in keinem Stande weder Gehorsam noch Friede. Wo aber Gehorsam oder gut Regiment ist, da wohnet Gott und küsset und herzet seine liebe Braut mit seinem Wort, das ist seines Mundes Kuß. Also, wo es gehet im Lande oder Haus nach den zwei Büchern (so viel es sein kann), da kann man auch dies dritte Buch wohl singen und Gott danken, der uns solches nicht allein gelehrt, sondern auch selbst getan hat. Amen.

Vorrede auf die Sprüche Salomonis

1524

Weil dies Buch insonderheit viel mit Narren und Weisen zu schaffen hat und allenthalben die Weisheit rühmet und die Torheit schilt, ist vonnöten, daß man die Sprache und Worte vernehme, was er unter Narren und Weisen verstanden haben will. Darum, daß dies nützliche Buch desto lichter werde, will ich etliche Worte hier kürzlich, aufs allerdeutlichste ich mag, ausstreichen[69].

Das ist des Königs Davids im Psalter und sonderlich des Königs Salomo Weise, und ist vielleicht zu der Zeit der Sprache Art gewesen, daß sie Narren oder Toren heißen nicht die, so man vor der Welt Narren heißt oder die geborne Narren sind, sondern allerlei lose, leichtfertige, unachtsame Leute, allermeist die ohne Gottes Wort fahren[70], tun, reden, aus eigner Vernunft und Vornehmen, wie

---

68 das Hohelied
69 so deutlich, wie ich kann, erklären
70 verfahren

gemeiniglich sind die Allergrößesten, Klügsten, Mächtigsten, Reichsten und Heiligsten vor der Welt; wie auch Paulus die Galater und Christus die Pharisäer und seine Jünger Narren heißt im Evangelio, auf daß du wissest, wie Salomo nicht von schlichten noch geringen Leuten redet, wenn er von Narren redet, sondern eben von den besten in der Welt.

Denn Salomo heißet Weisheit hier nichts anderes als Gottes Weisheit, die in Gottes Worten und Werken gelehret wird. Darum er auch immer Gottes Gebot und Werk heranzieht. Dazu ist aller Sprichworte kein andrer Ursprung als Gottes Wort und Werk, weil aller Menschen Anschläge eitel und falsch sind und es nicht anders ausgeht, als wie Gott will und tut, gleich als wenn man auf deutsch spricht: Es ist dir bedacht, aber nicht bescheret; item: Wer das Glück hat, führt die Braut heim; und dergleichen [Worte] kommen nirgend her, als daß man hat sehen und greifen müssen, wie Menschenanschläge und -hoffnung immer fehlen[71], und es anders gerät, als man denkt, und man zuletzt muß merken, daß ein andrer sei, der das Rädlein treibt. Das haben denn etliche Gott, etliche Glück genennet. Deshalb sind die Sprichwörter in allerlei Zungen und Sprachen wahr und gewiß, weil sie auf Gottes Werk gegründet sind und aus Gottes Werk kommen, obschon Gottes Wort nicht da ist. Wiederum Torheit heißt er alles, was ohne Gottes Wort und Werk gehet, und einen Weisen, der sich nach Gottes Wort und Werk richtet, einen Narren, der sich vermessen nach seinem Sinn und Dünken richtet.

Daraus sehen wir, wie ein trefflicher, weiser und feiner Mann König Salomo ist, der es sich hat so hart lassen anliegen, daß er unter so viel königlichen Geschäften sich eines Lehrers Amt unterwunden hat, und sonderlich des

71 fehlgehen

allernötigsten, nämlich die Jugend zu lehren und zu erziehen, wie sie soll vor Gott seliglich nach dem Geist, und vor der Welt weislich mit Leib und Gut handeln. Denn da liegt die größte Macht an[72], daß man Leute auf Erden habe, wie dieser König Salomo wohl gesehen hat; welche man nicht haben kann, man erziehe sie denn in der Jugend. Darum sollte billig in aller Welt dies Büchlein der Jugend beizeiten eingebildet[73] und in täglichen Brauch und Übung gebracht werden. Um welcher Sache willen ohne allen Zweifel von König Salomo solches gemacht und geschrieben ist, allen Königen und Herren zum Exempel, daß sie sich auch der Jugend sollen annehmen. Da gebe Gott seine Gnade zu. Amen.

Vorrede auf den Prediger Salomo

1524

Dies Buch heißt auf Hebräisch Koheleth, das ist einer, der öffentlich in einer Gemeinde redet. Denn Kahal heißt eine Gemeinde, versammelt bei einander, die man auf Griechisch ecclesia nennet. Es ist aber das Buch sicherlich nicht durch den König Salomo selbst mit eigener Hand geschrieben oder gestellet[74], sondern aus seinem Munde durch andere gehöret und von den Gelehrten so zusammengefaßt; wie sie denn selbst am Ende bekennen, da sie sagen: »Diese Worte der Weisen sind Spieße und Nägel, gestellt durch die Meister der Gemeinde, und von *einem* Hirten dargegeben.« Das ist, es sind zu der Zeit von Königen und Volk etliche Auserwählte verordnet gewesen, dies und andere Bücher,

72 darauf kommt es vor allem an
73 eingeprägt
74 verfaßt

von Salomo, dem einzigen Hirten, dargereicht, so zu stellen und ordnen, daß nicht ein jeglicher hat dürfen Bücher machen, wie ihn gelüstet; wie sie daselbst auch klagen, daß Büchermachens kein Ende ist, und verbieten andere anzunehmen.

Solche Leute nennen sich hier Meister der Gemeinde, weil die Bücher haben müssen durch ihre Hand und Amt angenommen und bestätigt werden. Denn das jüdische Volk hatte ein äußerlich Regiment, von Gott eingesetzt; darum solches wohl gewiß und recht geschehen konnte. Also ist auch das Buch der Sprüche Salomos zusammengestückt durch andere, und hinten dran etlicher weiser Männer Lehre und Sprüche hinzugesetzt. Item, das Hohe Lied Salomos siehet auch aus wie ein gestückt Buch, von andern aus Salomos Mund genommen. Daher auch keine Ordnung in diesen Büchern gehalten ist, sondern eins ins andere gemengt, wie sie es nicht alles zu einer Zeit noch auf einmal von ihm gehört haben: wie solcher Bücher Art sein muß.

Nun dies Buch sollte billig den Titel haben, daß es wider den freien Willen geschrieben wäre. Denn es zieht alles dahin, daß aller Menschen Rat, Anschläge und Vornehmen umsonst und vergeblich sind, und es immer anders hinausgehet, als wir wollen und denken, auf daß er uns lehre gelassen stehen, und Gott lassen allein alle Dinge über, wider und ohne unser Wissen und Rat tun. Darum mußt du nicht dies Buch also verstehen, als schelte es die Kreaturen Gottes, wenn es spricht: es sei alles eitel und Jammer etc.; denn Gottes Kreaturen sind alle gut, 1. Mose 1 (31) und 1. Tim. 4 (4), auch lehret es selbst, daß einer soll guten Mut haben mit seinem Weibe und des Lebens brauchen etc.; sondern daß die Anschläge und das Vornehmen des Menschen, mit den Kreaturen zu fahren[75], allzumal fehlen[76] und

75 umzugehen
76 fehlgehen

vergeblich sind, wenn man sich nicht läßt genügen an dem, das vorhanden gegenwärtig ist, sondern will aufs Künftige sie meistern und regieren. So gehet's allwege den Krebsgang, daß man nicht mehr als verlorne Sorge und Mühe gehabt hat; und geschieht doch, was Gott will und denkt, nicht was wir wollen und denken. Summa, da Christus spricht Matth. 6 (34): »Sorget nicht für den morgenden Tag, denn der morgende Tag wird sein selbst Sorge haben; es ist genug, daß ein jeglicher Tag sein Übel hat.« Dieser Spruch ist die Glosse[77] und Inhalt dieses Buchs. Sorgen für uns gehört Gott zu; unser Sorgen fehlt doch und gibt[78] eitel verlorene Mühe.

Vorrede auf die Propheten

1532

Es scheinet vor der Vernunft ein sehr geringes Ding um die Propheten zu sein, als ob darin wenig Nützliches gefunden werde, sonderlich wenn Meister Klügel drüber kommt, der die heilige Schrift ganz auswendig und auf dem Näglein[79] kann; der siehet es, aus großem Reichtum seines Geistes, für eitel faul, tot Gewäsch an. Das macht[80], daß die Geschichte und das Werk nun nicht mehr vor Augen sind und allein die Worte oder Historien gehöret werden. Welches kein Wunder ist, da auch jetzt Gottes Wort verachtet wird, obgleich noch täglich die Zeichen und Geschichten, dazu das Reich Christi gewaltiglich vor Augen stehet und gehet. Wie viel mehr sollt's verachtet

---

77 Erläuterung
78 macht
79 aufs genaueste
80 kommt daher

werden, wo nicht mehr die Geschichten und Tat vorhanden wären. Eben wie die Kinder Israel verachteten Gott und sein Wort, da sie noch vor Augen hatten das Himmelbrot, die feurige Säule und lichte Wolke, dazu Priestertum und Fürstentum etc.

Darum sollen wir Christen nicht solche schändliche, überdrüssige, undankbare Klüglinge sein, sondern die Propheten mit Ernst und Nutz lesen und gebrauchen. Denn erstlich verkündigen und bezeugen sie Christi Königreich, darin wir jetzt leben und alle Christgläubigen bisher gelebt haben und leben werden bis an der Welt Ende. Und das ist uns gar ein starker Trost und tröstliche Stärke, daß wir für unser christlich Leben so mächtige und alte Zeugen haben, dadurch unser christlicher Glaube gar hoch getröstet wird, daß er der rechte Stand sei vor Gott, wider alle andere, unrechte, falsche, menschliche Heiligkeit und Rotten[81], welche um ihres großen Scheins und der Menge willen, die dran hangen, wiederum auch um des Kreuzes und der wenigen willen, die am christlichen Glauben halten, ein schwach Herz gar hoch ärgern[82] und anfechten. Wie zu unserer Zeit des Türken, Papsts und andere Rotten uns große, gewaltige Ärgernisse geben.

Dafür uns nun die Propheten gut sind, wie S. Petrus rühmet 1. Petr. 1 (11. 12): daß die Propheten haben's nicht ihnen selbst dargetan, was ihnen offenbaret ist, sondern uns, uns (spricht er) haben sie es dargetan. Denn sie haben uns also gedienet mit ihrem Weissagen, daß, wer in Christi Reich sein will, soll wissen und sich darnach richten, daß er müsse zuvor viel leiden, ehe er zu der Herrlichkeit komme. Damit wir alles beides sicher werden, daß die große Herrlichkeit des Reichs Christi gewißlich unser sei und hernach kommen werde, doch daß zuvor

81 Sektiererei
82 Anstoß geben

hergehen Kreuz, Schmach, Elend, Verachtung und allerlei Leiden um Christi willen, auf daß wir durch Ungeduld oder Unglauben nicht verzagt werden noch verzweifeln an der künftigen Herrlichkeit, die so groß sein wird, daß sie auch die Engel begehren zu sehen.

Zum andern zeigen sie uns viel und große Exempel und Erfahrungen an des ersten Gebots, und streichen[83] dasselbige gar meisterlich aus mit Worten und Exempel, womit sie uns zur Furcht Gottes und zum Glauben gewaltiglich treiben und dabei erhalten. Denn nachdem sie von Christi Reich geweissagt haben, ist das andere alles eitel Exempel, wie Gott sein erst Gebot so strenge und hart bestätigt hat; so daß es gewißlich nicht anders ist, die Propheten lesen oder hören, als lesen und hören, wie Gott dräuet und tröstet. Er dräuet den Gottlosen, die sicher und stolz sind, und wo das Dräuen nicht helfen will, drückt er nach mit Strafen, Pestilenz, Teuerung, Krieg, bis sie zu Grunde gehen, und er also sein Dräuen im ersten Gebot wahr macht. Er tröstet aber die Gottfürchtigen, die in allerlei Nöten sind, und drückt auch nach mit Hilfe und Rat, durch allerlei Wunder und Zeichen, wider alle Macht des Teufels und der Welt, und macht also sein Trösten im ersten Gebot auch wahr.

Mit solchen Predigten und Exempeln dienen uns abermals die lieben Propheten gar reichlich, daß wir uns nicht ärgern[84] sollen, wenn wir sehen, wie gar sicher und stolz die Gottlosen Gottes Wort verachten, und so gar nichts um sein Dräuen geben, als wäre Gott selber ein lauter Nichts. Denn in den Propheten sehen wir, wie es doch gar keinem wohl ausgegangen ist, der Gottes Dräuen verachtet hat, wenn's auch gleich die allermächtigsten Kaiser und Könige oder die allerheiligsten und gelehrtesten Leute wären, die die Sonne beschienen hätte. Und wiederum, wie doch gar

83 malen
84 Anstoß nehmen

keiner verlassen ist, der auf Gottes Trösten und Verheißung sich gewagt[85] hat, wenn's auch gleich die allerelendesten und ärmsten Sünder und Bettler wären, die auf Erden kommen wären, ja, wenn's gleich der getötete Abel und der verschlungene Jonas wäre. Denn die Propheten beweisen[86] uns damit, daß Gott über seinem ersten Gebot halte und wolle ein gnädiger Vater sein der Armen und Gläubigen, und soll ihm keiner zu gering noch zu verachtet sein, wiederum ein zorniger Richter über die Gottlosen und Stolzen, und soll ihm keiner zu groß, zu mächtig, zu klug, zu heilig sein, er sei der Kaiser, Papst, Türke und Teufel dazu.

Und um dieses Stücks willen sind uns die lieben Propheten zu unserer Zeit nütze und nötig zu lesen, daß wir mit solchen Exempeln und Predigten gestärkt und getröstet werden wider der verdammten Welt unaussprechliche, unzählige und, so Gott will, die allerletzten Ärgernisse[87]. Denn wie gar für lauter nichts hält doch der Türke unsern Herrn Jesum Christ und sein Reich gegen sich selber und seinen Mahomed! Wie gar verachtet ist auf dieser Seite, bei uns und unter dem Papsttum, das liebe arme Evangelium und Gottes Wort gegenüber dem herrlichen Schein und Reichtum der menschlichen Gebote und Heiligkeit! Wie gar sicher fahren die Rottengeister, Epikurer[88] und andere ihresgleichen mit ihrem eigenen Dünken wider die heilige Schrift! Wie gar frech und wild lebt jetzt jedermann nach seinem Mutwillen wider die helle Wahrheit, die jetzt am Tage ist, so daß es scheinet, als wäre weder Gott noch Christus etwas, geschweige, daß Gottes erstes Gebot sollte so strenge sein!

85 verlassen
86 veranschaulichen
87 Prüfungen vor dem Weltende
88 Vertreter einer skeptisch-eudämonistischen Lebensauffassung (nach Luther z. B. Erasmus und andere Humanisten)

Aber es heißt: Harre doch, harre doch, was gilt's, ob uns die Propheten lügen und betrügen mit ihren Historien und Predigten? Es sind wohl mächtigere und mehr Könige und wohl ärgere Buben zu Grund gegangen; diese werden auch nicht entrinnen. Wiederum sind wohl dürftigere und elendere Leute gewesen, welchen dennoch herrlich geholfen ist; wir werden auch nicht verlassen werden. Sie sind nicht die ersten, die getrotzt und gepocht haben. So sind wir auch nicht die ersten, die gelitten haben und geplagt gewesen sind. Siehe, also sollen wir die Propheten uns nütze machen, so werden sie fruchtbarlich gelesen.

Daß aber mehr Dräuens und Strafens drinnen ist als Tröstens und Verheißens, ist die Ursache gut zu errechnen. Denn der Gottlosen gibt es allezeit mehr als der Frommen. Darum muß man immer viel mehr das Gesetz treiben als die Verheißung, weil die Gottlosen ohnedas sicher sind und sehr behend, die göttlichen Tröstungen und Verheißungen auf sich zu deuten und die Dräuung und Strafe auf andere zu deuten; und von solchem verkehreten Sinn und falscher Hoffnung[89] mit keiner Weise sich lassen abwenden. Denn ihr Reim heißt: Pax et securitas[90], es hat nicht not. Dabei bleiben sie und gehen damit hin ins Verderben, wie S. Paulus daselbst sagt: Plötzlich kommt über sie das Verderben[91].

Weiter, weil die Propheten am meisten schreien über die Abgötterei, ist vonnöten zu wissen, was ihre Abgötterei für eine Gestalt gehabt habe. Denn bei uns unter dem Papsttum kitzeln[92] sich viele gar sanft und meinen, sie seien nicht solche Abgöttische wie die Kinder Israel. Darum sie auch der Propheten nicht groß achten, sonderlich in diesem

89 Zuversicht
90 Friede und Sicherheit
91 1. Thess. 5, 3
92 schmeicheln

Stücke, als gingen diese sie nichts an mit ihrem Strafen um die Abgötterei. Sie sind viel zu rein und heilig dazu, daß sie sollten Abgötterei treiben, und wäre ihnen lächerlich, daß sie sich sollten fürchten oder erschrecken vor dem Dräuen und Schelten um Abgötterei. Gleichwie das Volk Israel auch tat und wollt's schlechterdings nicht glauben, daß sie abgöttisch wären, und der Propheten Dräuen mußte alles erlogen sein, und sie als Ketzer verdammt werden.

Solche tollen Heiligen waren die Kinder Israel nicht, daß sie schlechtweg Holz und Stein hätten angebetet, sonderlich die Könige, Fürsten, Priester und Propheten, welche doch am meisten abgöttisch waren. Sondern das war ihre Abgötterei, daß sie den Gottesdienst, der zu Jerusalem (und wo es mehr Gott haben wollte) gestiftet und geordnet war, ließen fahren und aus eigener Andacht und Gutdünken ohne Gottes Befehl anderswo einen besseren stiften und aufrichten und andere neue Weise, Personen und Zeit dazu erdichteten, welches ihnen Mose gar hart verboten hatte, sonderlich 5. Mose 12 (4–8), und sie immer hinwies an den Ort, den Gott erwählet hatte zu seiner Hütte und Wohnung. Solche falsche Andacht war ihre Abgötterei und dünkte sie köstlich zu sein, und verließen sich darauf, als hätten sie es wohl ausgerichtet, so es doch lauter Ungehorsam und Abfall war von Gott und seinem Befehl.

So lesen wir 1. Kön. 12 (28), daß Jerobeam nicht bloß die zwei Kälber aufrichtete, sondern ließ daneben predigen dem Volk: Ihr sollt nicht mehr hinaufgehen gen Jerusalem, sondern siehe hier, Israel, ist dein Gott, der dich aus Ägypten geführet hat. Er spricht nicht: Siehe hier, Israel, das ist ein Kalb, sondern, es ist dein Gott, der dich aus Ägypten geführet hat. Er bekennet frei, daß der Gott Israels sei der rechte Gott und der sie aus Ägypten geführet hat; aber man brauche nicht gen Jerusalem ihm nachzulaufen,

sondern finde ihn wohl hier zu Dan und Beerseba[93] bei den
goldenen Kälbern. Daß also die Meinung sei: Man könne
ebenso vor den goldenden Kälbern, wie vor einem heiligen
Gotteszeichen, Gott opfern und dienen, gleichwie man zu
Jerusalem vor der goldenen Lade Gott dienete und opferte.
Siehe, das heißt den Gottesdienst zu Jerusalem verlassen
und Gott, der solchen Gottesdienst geboten, damit verleugnen, als hätte er's nicht geboten. Und also baueten sie
auf ihre eigenen Werke und Andacht und nicht auf Gott rein
und alleine.

Mit solcher Andacht fülleten sie darnach das Land mit
Abgötterei, auf allen Bergen, in allen Gründen, unter allen
Bäumen, baueten Altäre, opferten und räucherten; und
mußte doch alles heißen dem Gott Israel gedienet; wer
anders sagte, der war ein Ketzer und falscher Prophet.
Denn das heißt eigentlich Abgötterei anrichten: ohne Gottes Geheiß, aus eigener Andacht einen Gottesdienst vornehmen. Denn er will von uns ungemeistert sein, wie ihm zu
dienen sei. Er will's uns lehren und vorgeben, sein Wort
soll da sein, das soll uns leuchten und leiten. Ohne sein
Wort ist's alles Abgötterei und eitel Lügen, es gleiße wie
andächtig und schön es immer wolle; davon wir oftmals
geschrieben.

Aus diesem folget nun, daß bei uns Christen alle diejenigen abgöttisch sind und der Propheten Schelten sie wahrlich angehet, die neue Gottesdienste erfunden haben oder
noch halten, ohne Gottes Befehl und Gebot, aus eigener
Andacht, und (wie man spricht) guter Meinung. Denn
damit richten sie gewißlich ihr Vertrauen auf ihre eigen-
erwählten Werke und nicht bloß und lauter auf Jesum Christ.
Da heißen denn Ehebrecherinnen bei den Propheten[94], die
sich an ihrem Mann Christo nicht lassen genügen, sondern

93 müßte heißen: Bethel (1. Kön. 12, 29)
94 Vgl. Hes. 16, 15 ff., 32, 38. Hos. 2, 2 ff.

laufen anderen auch nach, als könnte Christus allein nicht helfen, ohne uns und unser Werk, oder als hätte er uns nicht allein erlöset, sondern wir müßten auch dazutun; so wir doch wohl wissen, wie gar nichts wir dazu getan haben, daß er für uns gestorben und unsere Sünde auf sich genommen und am Kreuz getragen hat, nicht allein, ehe denn solches bedenken konnte alle Welt, sondern auch ehe denn wir geboren worden. So wenig und viel weniger als die Kinder Israel dazu taten, daß Ägypten und Pharao geplagt, und sie durch das Sterben der ägyptischen Erstgeburt frei wurden; welches ja Gott ganz allein tat, und sie überhaupt nichts dazu taten.

Ja, sprechen sie, die Kinder Israel dieneten mit ihrem Gottesdienst Abgöttern und nicht dem rechten Gott; wir aber dienen in unsern Kirchen dem rechten Gott und dem einigen Herrn Jesu Christo, denn wir wissen von keinem Abgott. Antwort: Also sagten die Kinder Israel auch und sprachen allesamt, daß all ihr Gottesdienst geschähe dem rechten Gotte, und wollten's wahrlich nicht leiden, daß man's hieße den Abgöttern gedienet, viel weniger als es unsere Geistlichen leiden wollen; schlugen auch darüber tot und verfolgeten alle rechten Propheten. Denn sie wollten wahrlich auch von keinem Abgott wissen, wie das die Historien uns wohl anzeigen.

Denn so lesen wir Richter 17 (2), daß die Mutter Michas, da er ihr die tausend und hundert Silberlinge genommen und wiedergegeben hatte, sprach zu ihm: »Gesegnet sei mein Sohn dem HERRN!« »Ich habe solch Silber dem HERRN gelobet, daß mein Sohn es soll von mir nehmen und einen Götzen und Bild lassen draus machen« etc. Hier höret man ja klärlich und gewiß, daß die Mutter den rechten Gott meinet, dem sie solch Silber gelobet habe, daß ein Götze und Bild draus würde. Denn sie spricht nicht: Ich hab solch Silber einem Abgott gelobt, sondern dem

HERRN: welches Wort bei allen Juden bekannt ist, daß es den einzigen rechten Gott heißt[95]. Gleichwie der Türke auch tut, und mit seinem Gottesdienst den rechten Gott nennet und meinet, der Himmel und Erde geschaffen hat. Desgleichen die Juden, Tataren und jetzt alle Ungläubigen. Dennoch ist's mit ihnen alles eitel Abgötterei.

Item, der wundergroße Mann Gideon, wie seltsam fiel doch derselbe, Richt. 8 (23), der eben in dem, da er sprach zu den Kindern Israel, welche begehrten, er und seine Kinder sollten ihr Herr sein: »Ich will nicht euer Herr sein, noch meine Kinder, sondern der HERR (das ist, der rechte Gott) soll euer Herr sein«, gleichwohl die Kleinodien nahm, die sie ihm gaben, und machte doch weder Bild noch Altar draus, sondern allein Priesterkleider, und wollte auch aus Andacht in seiner Stadt einen Gottesdienst haben. Dennoch spricht die Schrift, das ganze Israel habe damit Hurerei getrieben, und sei darüber sein Haus zu Grunde gegangen. Nun meinte doch der große heilige Mann damit keinen Abgott, sondern den rechten einzigen Gott, wie die feinen geistreichen Worte bezeugen, da er spricht: Der HERR soll über euch herrschen, und nicht ich etc.; womit er ja klärlich die Ehre allein Gott gibt und den rechten Gott allein für einen Gott und HERRN bekennet und gehalten haben will.

So haben wir droben [S. 86f.] gehöret, daß der König Jerobeam 1. Kön. 12 (28) seine goldenen Kälber auch nicht Abgötter nannte, sondern den Gott Israel, der sie aus Ägypten geführt hatte. Welches ist ja der rechte einzige Gott: denn es hatte sie kein Abgott aus Ägypten geführet. Und war auch nicht seine Meinung, daß er Abgötter wollte anbeten, sondern weil er fürchtete (wie der Text sagt), daß sein Volk würde von ihm abfallen zum König von Juda,

95 bezeichnet

wenn sie sollten allein zu Jerusalem Gottesdienst pflegen, erfand er einen eigenen Gottesdienst, damit er sie bei sich behielte, und meinete gleichwohl damit den rechten Gott, der zu Jerusalem wohnete; aber es wäre nicht not, Gott allein zu Jerusalem zu dienen.

Und was bedarf's vieler Worte? Es bekennet Gott selber, daß die Kinder Israel haben mit ihrem Gottesdienst keinen Abgott, sondern ihn allein gemeinet. Denn so spricht er, Hosea 2 (18): »Alsdann, spricht der HERR, wirst du mich heißen: mein Mann, und mich nicht mehr mein Baal heißen, denn ich will die Namen der Baalim von ihrem Munde wegtun, daß man solcher Namen der Baalim nicht mehr gedenken soll.« Hier muß man ja bekennen, daß es wahr sei, die Kinder Israel haben mit ihrem Gottesdienst keinen Abgott, sondern den einzigen rechten Gott gemeinet, wie hier in Hosea klärlich Gott spricht: Du wirst mich nicht mehr mein Baal heißen. Nun war ja Baal der größeste, allgemeineste, herrlichste Gottesdienst im Volk Israel. Dennoch war es eitel Abgötterei, ungeachtet, daß sie den rechten Gott damit meineten.

Darum hilft's unsern Geistlichen nichts, daß sie vorgeben, wie sie keinem Abgott in ihren Kirchen und Stiften dienen, sondern allein Gott, dem rechten HERRN. Denn du hörest hier, daß es nicht genug ist, zu sagen oder zu denken: Ich tue es Gotte zu Ehren, ich meine den rechten Gott; item: Ich will dem einzigen Gott dienen; weil alle Abgöttischen eben auch also sagen und meinen. Es gilt nicht Meinens oder Dünkens; sonst wären die auch Gottes Diener, welche die Apostel und Christen gemartert haben; denn sie meineten auch, wie Christus Johann. 16 (2) sagt, sie täten Gott einen Dienst daran, und S. Paulus Röm. 10 (2) Zeugnis gibt den Juden, daß sie um Gott eifern, und Apg. 26 (7) spricht, daß sie mit Gottesdienst Tag und Nacht hoffen zu kommen zur verheißenen Seligkeit.

Sondern da sehe ein jeglicher zu, daß er gewiß sei, daß sein Gottesdienst sei durch Gottes Wort gestiftet und nicht aus eigener Andacht oder guter Meinung erfunden. Denn wer Gottesdienst pfleget, der kein Gotteszeugnis hat, der soll wissen, daß er nicht dem rechten Gott, sondern seinem eigenen erdichteten Abgotte, das ist, seinem Dünken und falschen Gedanken und damit dem Teufel selbst dienet, und aller Propheten Worte wider ihn gehen. Denn ein solcher Gott ist nirgends, der sich wolle aus unserer eigenen Wahl und Andacht, ohne sein Befehl und Wort, Gottesdienst lassen stiften, sondern es ist nur *ein* Gott, der durch sein Wort reichlich gestiftet und befohlen hat allerlei Stände und Gottesdienste, darin er sich will gedienet haben.

Dabei sollen wir bleiben und weder zur Rechten noch zur Linken davon weichen, weder mehr noch weniger tun, weder ärger noch besser machen. Sonst wird der Abgötterei kein Ende und kann kein Unterschied bleiben, welches rechter Gottesdienst oder Abgötterei wäre, weil sie alle den rechten Gott meinen und alle seinen rechten Namen gebrauchen. Demselbigen einzigen Gott sei Dank und Lob, durch Jesum Christum, seinen Sohn und unsern Herrn, in Ewigkeit gebenedeiet. Amen.

Vorrede auf den Propheten Jesaja

1528

Wer den heiligen Propheten Jesaja will nützlich lesen, und besser verstehen, der lasse sich (so er's nicht besser hat oder weiß) diesen meinen Rat und Anzeigung nicht verachtet sein: zum ersten, daß er den Titel oder Anfang dieses Buches nicht überhüpfe, sondern aufs allerbeste lerne verstehen; auf daß er sich nicht dünken lasse, er verstehe Jesaja sehr wohl, und müsse darnach leiden[96], daß man sage, er habe den Titel und die erste Zeile noch nicht verstanden, geschweige denn den ganzen Propheten. Denn derselbige Titel ist für eine Glosse und ein Licht zu halten über das ganze Buch. Und Jesaja auch selbst gleich mit Fingern seine Leser dahin weiset, als zu einer Anleitung und Grund seines Buchs. Wer aber den Titel verachtet oder nicht verstehet, dem sage ich, daß er den Propheten Jesaja in Frieden lasse oder ihn jedenfalls nicht gründlich verstehen werde. Denn es ist unmöglich, des Propheten Wort und Meinung richtig und klärlich zu vernehmen oder zu merken ohne solche gründliche Erkenntnis des Titels.

Den Titel aber meine und heiße ich nicht alleine, daß du diese Worte: Usia, Jotham, Ahas, Hiskia, der Könige von Juda etc. lesest oder verstehest: sondern für dich nehmest das letzte Buch von den Königen und das letzte Buch von Chronica, dieselbigen wohl einnehmest[97], sonderlich die Geschichten, Reden und Zufälle[98], die sich begeben haben unter den Königen, die im Titel genannt sind, bis zum Ende derselbigen Bücher. Denn es ist vonnöten, wenn man die Weissagung verstehen will, daß man wisse, wie es im Lande gestanden, die Sachen drinnen gelegen sind gewesen, wes die Leute gesinnet gewesen oder was sie für Anschläge gehabt haben mit oder gegen ihre Nachbarn, Freunde und Feinde, und sonderlich, wie sie sich in ihrem Lande gegen Gott und gegen den Propheten in seinem Wort und Gottesdienst oder Abgötterei gehalten haben.

Zudem wäre auch wohl gut, daß man wüßte, wie die Länder an einander gelegen sind; damit die ausländischen, unbekannten Worte und Namen nicht Unlust zu lesen und Finsternis oder Hindernis im Verstand macheten. Und auf

96 sich gefallen lassen
97 erfasset
98 Ereignisse

daß ich meinen einfältigen[99] Deutschen einen Dienst dazu tue, will ich kürzlich anzeigen die Landschaft um Jerusalem oder Juda gelegen, darinnen Jesaja gelebt und gepredigt hat, damit sie besser sehen, wo sich der Prophet hinkehret, wenn er weissagt gegen Mittag oder Mitternacht etc.

Gegen Morgen hat Jerusalem oder Juda am nächsten das tote Meer, da vorzeiten Sodom und Gomorrha gestanden ist. Jenseits des toten Meeres liegt das Land Moab und der Kinder Ammon. Darnach weiter hinüber liegt Babylon oder Chaldäa, und noch weiter der Perser Land, davon Jesaja viel redet.

Gegen Mitternacht liegt der Berg Libanon, und weiter hinüber Damaskus und Syria; aber weiter dahinter morgenwärts liegt Assyria, davon auch Jesaja viel handelt.

Gegen Abend liegen die Philister am großen Meere[100], die ärgsten Feinde der Juden; und dasselbige Meer hinab zur Mitternacht zu liegt Sidon und Tyrus, welche grenzen an Galiläa.

Gegen Mittag hat's viele Länder, z. B. Ägypten, Mohrenland, Arabia, das rote Meer, Edom und Midian, also daß Ägypten gegen Abend im Mittag[101] liegt. Dies sind etwa die Länder und Namen, davon Jesaja weissagt, als von den Nachbarn, Feinden und Freunden, die ums Land Juda herliegen, wie die Wölfe um einen Schafstall. Mit welcher etlichen sie zuweilen Bund und Widerbund machten, und half ihnen doch nichts.

Darnach mußt du den Propheten Jesaja in drei Teile teilen. Im ersten behandelt er, gleichwie die andern Propheten, zwei Stücke. Eines, daß er seinem Volk viel predigt und straft ihre mancherlei Sünde, vornehmlich aber die mannigfaltige Abgötterei, die im Volk überhand hatte

99 schlichten
100 Mittelmeer
101 im Südwesten

genommen (wie auch jetzt und alle Zeit fromme Prediger bei ihrem Volk tun und tun müssen), und behält sie in der Zucht mit Dräuen der Strafe und Verheißen des Guten.

Das Zweite, daß er sie schicket[102] und bereitet auf das zukünftige Reich Christi zu warten, von welchem er so klärlich und mannigfaltig weissagt, wie sonst kein Prophet tut: daß er auch die Mutter Christi, die Jungfrau Maria, beschreibt, wie sie ihn empfangen und gebären sollte mit unversehrter Jungfrauschaft, Kap. 7 (14), und sein Leiden im 53. Kapitel samt seiner Auferstehung von den Toten und sein Reich gewaltiglich und dürr[103] heraus verkündigt, als wäre es dazumal geschehen, so daß er sehr ein trefflicher, hocherleuchteter Prophet muß gewesen sein. Denn also tun alle Propheten, daß sie das gegenwärtige Volk lehren und strafen, daneben Christi Zukunft und Reich verkündigen und das Volk drauf richten und weisen, als auf den gemeinsamen Heiland der Vorigen und Zukünftigen: doch einer mehr als der andere, einer reichlicher als der andere, Jesaja aber über sie alle am meisten und reichlichsten.

Im zweiten Teil hat er ein Sonderliches zu tun mit dem Kaisertum zu Assyrien und mit dem Kaiser Sanherib. Da weissaget er auch mehr und weiter von als ein anderer Prophet, nämlich, wie derselbige Kaiser alle umliegenden Länder würde gewinnen, auch das Königreich Israel, dazu viel Unglücks antun dem Königreich Juda. Aber da hält er als ein Fels mit seiner Verheißung, wie Jerusalem solle verteidigt und von ihm erlöset werden. Welches Wunder wohl der größesten eines ist, das in der Schrift gefunden wird, nicht allein der Geschichte halben, daß solch mächtiger Kaiser sollte vor Jerusalem geschlagen werden, sondern auch des Glaubens halben, daß man's hat geglaubt. Wunder

102 geschickt macht
103 klar

94

ist's, sage ich, daß ihm ein Mensch zu Jerusalem hat können glauben in solchem unmöglichen Stücke. Er wird ohne Zweifel oft haben müssen viel böse Worte der Ungläubigen hören. Dennoch hat er's getan; den Kaiser hat er geschlagen und die Stadt verteidigt. Darum muß er mit Gott wohl dran und ein treuer Mann vor ihm geachtet gewesen sein.

Im dritten Stück hat er mit dem Kaisertum zu Babel zu tun. Da weissagt er von der babylonischen Gefangenschaft, mit der das Volk sollte gestraft und Jerusalem zerstöret werden durch den Kaiser zu Babel. Aber hier ist seine größte Arbeit[104], wie er sein zukünftig Volk in solcher zukünftigen Zerstörung und Gefangenschaft tröste und erhalte, daß sie ja nicht verzweifeln, als sei es mit ihnen aus, und Christi Reich würde nicht kommen und alle Weissagung falsch und verloren sein. Wie gar reiche und volle Predigt tut er da, daß Babel solle wiederum zerstöret und die Juden los werden und wieder gen Jerusalem kommen: so daß er auch anzeiget mit hochgemutem Trotz wider Babel die Namen der Könige, welche Babel sollen zerstören, nämlich die Meder und Elamiter oder Perser; sonderlich aber den König, der die Juden sollte los machen und gen Jerusalem wieder helfen, nämlich Kores[105], den er nennet den Gesalbeten Gottes, lange zuvor, ehe denn ein Königreich in Persien war. Denn es ist ihm alles um den Christus zu tun, daß desselbigen Zukunft und das verheißene Reich der Gnade und Seligkeit nicht verachtet oder durch Unglauben und vor großem Unglück und Ungeduld bei seinem Volk verloren und umsonst sein müßte, wenn sie des nicht wollten warten und es gewißlich zukünftig glauben.

Das sind die drei Stücke, damit Jesaja umgehet. Aber die Ordnung hält er nicht, daß er ein jegliches an seinem Ort

104 Mühe
105 hebr. für Kyros

und mit eignen Kapiteln und Blättern fassete, sondern es ist ganz gemenget untereinander, daß er viel des ersten Stücks unter das zweite und dritte mit einführet, und wohl das dritte Stück manchmal eher behandelt als das zweite. Ob aber das geschehen sei durch den, der solche seine Weissagung zusammengelesen und geschrieben hat (wie man im Psalter auch achtet geschehen sein), oder ob er's selbst der Reihe nach dargestellet hat, wie sich Zeit, Ursachen und Personen zugetragen haben, von einem jeglichen Stücke zu reden, welche Zeit und Ursachen nicht gleich sein noch Ordnung haben können, das weiß ich nicht. So viel Ordnung hält er, daß er das erste, als das vornehmste Stück, zieht[106] und treibt von Anfang bis Ende, durchs zweite und dritte Stück. Gleichwie auch uns gebührt in unsern Predigten zu tun, daß unser vornehmstes Stück, die Leute zu strafen und von Christo zu predigen, immer mit unterlaufe, ob wir gleich etwas anderes zuweilen zufälliglich[107] vorhaben zu predigen, z. B. vom Türken oder vom Kaiser.

Hieraus kann nun ein jeglicher den Propheten leichtlich erfassen und sich drein schicken, daß ihn die Ordnung (wie es dem Ungewohneten[108] scheinet) nicht beirre noch überdrüssig mache. Wir zwar haben möglichen Fleiß[109] getan, daß Jesaja gut, klar deutsch redet, wiewohl er sich schwer dazu gemacht und sehr gewehret hat; wie das wohl sehen werden, die Deutsch und Hebräisch gut können, allermeist aber die Dünkelmeister, die sich dünken lassen, sie können's alles. Denn er ist im Hebräischen sehr beredt gewesen, so daß ihn die ungelenke deutsche Zunge sauer angekommen ist.

106 behandelt
107 gerade
108 Unerfahrenen
109 gaben wirklich unser Bestes

Was für Nutz aber haben könne, wer Jesaja lieset, das will ich den Leser lieber selbst erfahren lassen, als erzählen. Und wer es nicht erfähret noch erfahren will, dem ist auch nicht nütze, viel davon zu rühmen. Er ist fürwahr voller lebendiger, tröstlicher, herzlicher Sprüche für alle armen Gewissen und elenden, betrübten Herzen. Ebenso ist auch der Drohsprüche und Schrecken wider die verstockten, hoffärtigen, harten Köpfe der Gottlosen genug drinnen, wenn es helfen sollte.

Du sollst aber Jesaja bei dem jüdischen Volk nicht anders ansehen denn als einen verachteten Mann, ja wie einen Narren und Unsinnigen. Denn wie wir ihn jetzt halten[110], so haben sie ihn nicht gehalten, sondern, wie er selbst bezeuget Kapitel 57 (4), haben sie die Zungen gegen ihn herausgereckt und mit Fingern auf ihn gewiesen und alle seine Predigt für Narrheit gehalten; außer gar wenig frommen Gotteskindern im Haufen, wie dem König Hiskia. Denn es war die Gewohnheit bei dem Volk, die Propheten zu verspotten und für unsinnig zu halten, 2. Kön. 9 (11), wie denn allen Gottesdienern und Predigern allezeit geschehen ist, täglich geschieht und forthin geschehen wird.

Das kann man auch daran merken, daß er das Volk am meisten straft um die Abgötterei. Die andern Laster, wie Prangen, Saufen, Geizen berühret er kaum dreimal. Aber die Vermessenheit auf ihre erwählten Götzendienste und eigenen Werke, oder Trost auf Könige und Bündnisse, strafet er durch und durch, welches dem Volks unleidlich war; denn sie wollten recht darin sein. Derhalben er auch zuletzt durch König Manasse als ein Ketzer und Verführer soll getötet und (wie die Juden sagen) mit einer Säge voneinander geschnitten sein.

110 ansehen

Den Propheten Jeremia zu verstehen, bedarf's nicht viel Glossens[111], wenn man nur die Geschichten ansiehet, die sich begeben haben unter den Königen, zu deren Zeiten er gepredigt hat. Denn wie es dazumal im Lande gestanden ist, so gehen auch seine Predigten.

Erstlich war das Land voller Laster und Abgötterei; sie erwürgeten die Propheten und wollten ihre Laster und Abgötterei ungestraft haben. Darum ist auch der erste Teil fast eitel Strafe und Klage über die Bosheit der Juden, bis an das zwanzigste Kapitel hinan.

Zum andern, weissagt er auch die Strafe, die vorhanden war[112], nämlich die Zerstörung Jerusalems und des ganzen Landes und die babylonische Gefangenschaft, ja auch aller Heiden Strafe. Und doch daneben tröstet und verheißet er auf gewisse bestimmte Zeit, nach ergangener solcher Strafe, die Erlösung und Heimfahrt wieder ins Land und gen Jerusalem etc. Und dies Stück ist das vornehmste in Jeremia. Denn um desselbigen willen ist Jeremia erweckt[113], wie im 1. Kapitel (11 ff.) das Gesicht anzeigt von der wackeren Rute[114] und dem siedenden Topf, die von Mitternacht kommen.

Und das war auch hoch vonnöten. Denn weil solch greuliche Plage sollte über das Volk gehen, daß es ganz zerrissen und weggeführt würde aus seinem Lande, hätten die frommen Herzen, wie Daniel und andere viel, verzweifeln müssen an Gott und an allen seinen Verheißungen, da sie nicht anders hätten können denken, als wäre es gar aus

111 Erklärens
112 bevorstand
113 berufen
114 »wacher« = früher Zweig (Mandelzweig)

mit ihnen, und sie von Gott allerdings[115] verstoßen wären, daß kein Christus nimmermehr kommen würde; sondern Gott hätte seine Verheißung um des Volks Sünde willen in großem Grimm zurückgezogen. Darum mußte Jeremia da sein und die Strafe und den Zorn so verkündigen, daß sie nicht ewig, sondern eine bestimmte Zeit, 70 Jahre, währen sollten, und danach sie wiederum zu Gnaden kommen. Welcher Verheißung er sich selbst auch hat müssen trösten und sich damit erhalten; hat sonst nicht viel Trostes noch guter Tage gehabt.

Denn er ein elender betrübter Prophet gewesen ist, zu jämmerlichen bösen Zeiten gelebt, dazu ein trefflich[116] schwer Predigtamt geführet, da er über vierzig Jahr, bis zur Gefangenschaft, sich mit bösen halsstarrigen Leuten hat müssen schelten und doch wenig Nutzen schaffen, sondern zusehen, daß sie je länger je ärger wurden und immer ihn töten wollten und ihm viel Plage anlegten[117]. Zudem hat er erleben und mit Augen sehen müssen die Zerstörung des Landes und Gefangennahme des Volkes und viel großen Jammer und Blutvergießen, ohne das, was er darnach in Ägypten hat müssen predigen und leiden. Denn man hält's dafür, daß er von den Juden sei gesteinigt in Ägypten.

Zum dritten tut er auch wie andere Propheten und weissagt von Christo und seinem Reich, sonderlich im 23. und 31. Kapitel, da er gar klärlich von der Person Christi, von seinem Reich, vom neuen Testament und vom Ende des alten Testaments weissagt. Aber diese drei Stücke gehen nicht in Ordnung nach einander und sind nicht von einander geteilet im Buch, wie sie in der Tat und Wesen nach einander gegangen sind. Ja, im ersten Stück stehet

115 gänzlich
116 ungemein
117 zufügten

oft im folgenden Kapitel etwas, was doch eher geschehen ist als das im vorigen Kapitel; so daß sich's ansiehet, als habe Jeremia solche Bücher nicht selbst gestellet, sondern sie seien stückweise aus seiner Rede gefasset und aufs Buch verzeichnet. Darum muß man sich an die Ordnung nicht kehren und durch die Unordnung nicht hindern lassen.

Wir lernen aber aus Jeremia unter anderm das, wie gemeiniglich, je näher die Strafe ist, um so ärger die Leute werden; und je mehr man ihnen predigt, um so höher sie es verachten. Sodaß man begreift, wenn Gott strafen will, daß er die Leute verstocken läßt, auf daß sie ja ohne alle Barmherzigkeit untergehen und mit keiner Buße Gottes Zorn versöhnen. Also mußten die zu Sodom vorher den frommen Lot nicht allein verachten, sondern, da er sie lehrete, auch plagen, und war doch ihre Plage vor der Tür. Pharao, da er schier[118] sollte im roten Meer ersaufen, mußte er die Kinder Israel zweifältig martern mehr als zuvor. Und Jerusalem mußte Gottes Sohn auch kreuzigen, da ihre endgültige Zerstörung daher ging[119].

Also gehet's auch jetzt allenthalben. Nun das Ende der Welt herzutritt, wüten und toben die Leute wider Gott aufs allergreulichste, lästern und verdammen Gottes Wort, das sie wissentlich erkennen, daß es Gottes Wort und die Wahrheit sei. Daneben so viel greulicher Zeichen und Wunder erscheinen, am Himmel und fast an allen Kreaturen, die ihnen schrecklich dräuen. Und ist auch wohl so eine böse jämmerliche Zeit, und noch ärger als Jeremias Zeit. Aber es will und muß so sein, daß sie sicher werden und singen: Pax, es hat nicht Not; und nur verfolgt alles, was Gott haben will, und alles Dräuen der Zeichen in den Wind geschlagen, bis sie (wie S. Paulus sagt) plötzlich das

118 bald
119 bevorstand

Verderben übereilet und zerstöret, ehe sie es gewahr werden (1. Thess. 5, 3). Doch wird Christus die Seinen wissen zu erhalten, um welcher willen er sein Wort leuchten läßt in dieser schändlichen Zeit; wie er zu Babel Daniel und seinesgleichen erhielt, um welcher willen Jeremias Weissagung leuchten mußte. Demselben lieben Herrn sei Lob und Dank, samt dem Vater und heiligen Geist, einigem Gott über alles und in Ewigkeit. Amen.

Erste Vorrede auf den Propheten Hesekiel

1532

Hesekiel ist mit dem König Jechonja, gleichwie Daniel und andere mehr, williglich in die Gefangenschaft zu Babel gezogen, nach dem Rat Jeremias, da er immerdar riet, sie sollten nicht widerstreben, sie würden sonst zu Grund gehen, Jer. 21. Da sie nun gen Babel gekommen waren, wie Jeremia Kap. 24 anzeigt und sie freundlich tröstet, da ging die Ungeduld an, und es reuete sie über alle Maßen, daß sie sich ergeben hatten, weil sie sahen, daß die, welche zu Jerusalem geblieben waren und sich nicht ergeben hatten, noch die Stadt und alles inne hatten und hofften, Jeremia zum Lügner zu machen und vor dem König zu Babel sich wohl zu verteidigen und im Lande zu bleiben.

Hierzu halfen nun getrost die falschen Propheten, die immer wohl trösteten zu Jerusalem, als sollte Jerusalem nicht gewonnen werden, und Jeremia müßte lügen als ein Ketzer und Abtrünniger. Damit lief unter (wie es pflegt zu gehen), daß die zu Jerusalem sich rühmeten als die, welche redlich und fest zu Gott und dem Vaterlande hielten: jene aber hätten sich ergeben und Gott verlassen samt dem Vaterland, als die Treulosen und Verräter, die auf Gott nicht trauen noch hoffen konnten, sondern sich zu ihren Feinden schlugen, um solcher losen Rede willen Jeremias des Lügners. Das biß und erbitterte die recht, die gen Babel sich ergeben hatten; und ward ihre Gefangenschaft nun zwiefältig. O wie manchen weidlichen Fluch werden sie dem Jeremia gewünscht haben, dem sie gefolget, und der sie so jämmerlich verführet hatte.

Darum erweckte nun Gott zu Babel diesen Propheten Hesekiel, die Gefangenen zu trösten und wider die falschen Propheten zu Jerusalem zu weissagen und Jeremias Wort zu bestätigen. Welches er auch redlich tut, und viel härter und mehr weissagt, wie Jerusalem sollte zerstöret werden, und das Volk mit König und Fürsten umkommen, und verheißt doch darunter die Wiederkunft und Heimfahrt ins Land Juda. Und dies ist das vornehmste Stück im Hesekiel, das er zu seiner Zeit geübt hat, und treibt's bis an das 25. Kapitel. Darnach erstreckt er seine Weissagung auch auf alle anderen Länder umher, die auch vom König zu Babel sollten geplagt werden, bis an das 34. Da folgen denn vier feine Kapitel vom Geist und Reich Christi, darnach von dem letzten Tyrannen im Reiche Christi, Gog und Magog. Und am Ende bauet er Jerusalem wieder und tröstet damit das Volk, daß sie wieder heim kommen sollen. Aber im Geist meinet er die ewige Stadt, das himmlische Jerusalem, davon die Apokalypse auch redet.

Zweite Vorrede auf den Propheten Hesekiel

1541

S. Hieronymus und andere mehr schreiben, daß es bei den Juden verboten gewesen und noch sei, das vorderste und hinterste Teil im Propheten Hesekiel zu lesen, ehe denn ein

Mann dreißig Jahr alt werde; also auch das erste Kapitel Moses im ersten Buch.

Zwar es bedürfte bei den Juden solchen Verbots nicht; denn Jes. 29 (11) weissagt, daß die ganze heilige Schrift den ungläubigen Juden versiegelt und verschlossen sei, wie S. Paulus 2. Kor. 3 (14) auch sagt, daß die Decke Moses über der Schrift bleibe, so lange sie nicht an Christum glauben.

Das beweiset auch das Werk; denn sie zerreißen und zermartern die Schrift in ihren Auslegungen, wie die unflätigen Säue einen Lustgarten zerwühlen und umkehren; daß zu wünschen wäre, sie blieben mit der Schrift unverworren[120]. Wiewohl auch viele der Unseren so fest an den Rabbinen hangen und ihnen trauen, sodaß sie mehr judenzen[121], als die alten Juden selbst getan haben.

Dies Gesicht aber Hesekiels im ersten Teil ist nichts anderes nach meinem Verständnis (ein andrer mache es besser), als eine Offenbarung des Reichs Christi, im Glauben hier auf Erden, an allen vier Orten der ganzen Welt[122], Ps. 19 (1. 5): In omnem terram. Denn es kann kein Prophet sein (wie S. Petrus bezeuget[123]), er habe denn den Geist Christi. Aber alle Stücke zu deuten, ist zu lang in einer Vorrede. Kurz zu sagen: Dies Gesicht ist der geistliche Wagen Christi, darauf er fähret hier in der Welt, das ist seine ganze heilige Christenheit. Da sind vier Tiere, die er Kap. 10 Cherubim nennet; denn auf Cherubim sitzt, reitet und fähret er, wie die Schrift oft meldet. Ein jegliches hat vier Angesichter, und sie stehen wie vier Rosse im Geviert, doch inwendig und zwischen den Rädern. Denn da sind auch vier gevierte Räder um die Tiere her, bei jeglichem Tier ein Rad, also gestellet, daß sie können gegen die vier

---

120 Sie mischten sich nicht in die Schriftauslegung.
121 in jüdischer Weise auslegen
122 in allen vier Himmelsrichtungen
123 1. Petr. 1, 10 f.

Orte der Welt, das ist, vor sich, hinter sich und zu beiden Seiten gehen, und sich doch nicht umzulenken brauchen. Desgleichen die Tiere auch auf runden Füßen gegen die vier Orte der Welt gehen und sich nicht umzulenken brauchen. Hier ist keine Achse, Deichsel, Gestell Lonsen[124], Leiter, Waage, Seile noch Stränge, sondern der Geist inwendig treibet's alles gewiß. Oben über ist der Himmel, wie eine Roßdecke, und ein Stuhl drinnen zum Sattel, darauf Gott, das ist Christus, sitzt.

Also gehen die vier Räder gleich miteinander; denn alle Kirchen in den vier Orten der Welt, das ist, in der ganzen Welt, haben gleichen, einerlei, einträchtigen Gang im Glauben, Hoffnung, Liebe, Kreuz und allem geistlichen Wesen. Und werden nicht von außen durch Menschen-lehre, sondern inwendig durch einerlei Geist getrieben. Röm. 8 (14), 1. Kor. 12 (4), Eph. 4 (4).

Und die vier Tiere gehen auch mit den Rädern, oder vielmehr die Räder mit ihnen, vor sich, hinter sich, über sich und zu beiden Seiten. Denn die Apostel oder das Predigtamt, das Wort Gottes, die Taufe, Sakrament, Schlüssel und was zum geistlichen Regiment der Kirche gehört, ist auch einerlei[125], gleich und einträchtig in aller Welt. Also halten sich die Tiere und die Räder fest und gewiß zusammen, daß es ein Wagen ist, ohne alles äußerliche Binden, Heften oder Spannen; also, daß alles vierfach ist, vier Tiere, vier Angesichte eines Tieres, vier Füße eines Tieres, vier Hände eines Tieres, vier Flügel eines Tieres, vier Räder, vier Felgen an einem Rade. Das bedeutet, wie gesagt, daß die Christenheit, oder das Reich Christi im Glauben, solle in den vier Orten, das ist, in der ganzen Welt fahren.

Es hat aber solch Gesicht bedeutet (wie Hesekiel selbst

124 Achsnagel
125 eines

hier zeigt Kap. 8. 9) das Ende und die Zerstörung der Synagoge oder des Judentums, das ist, des Priestertums, Gottesdienstes und Kirchenordnung, durch Mose ihnen gegeben und gestiftet. Welches alles ist nicht weiter als auf Christi Zukunft gestiftet, wie S. Paulus Röm. 8 (3); 2. Korinth. 3 (6), und Christus selbst Matth. 11 (13) sagt, und die Epistel an die Hebräer reichlich abhandelt, daran sich die Juden greulich geärgert und gestoßen haben bis auf diesen Tag.

Und ist das sonderlich zu wissen wider die Blindheit der Juden, daß alle Weissagung, die da saget, daß Israel und Juda sollen wieder in ihr Land kommen, auch leiblich dasselbe und ewig besitzen, ist längst erfüllet, so daß der Juden Hoffnung ganz und gar umsonst und verloren ist. Denn dieselbige Weissagung hat zwei Stücke.

Das erste, daß Israel und Juda sollen wieder ins Land kommen nach ihrer Gefangenschaft. Das ist geschehen durch den König Kores und die Perser vor Christi Geburt, da aus allen Landen die Juden wieder ins Land und gen Jerusalem sind gekommen; auch aus fremden Landen, da sie doch wohnen blieben, jährlich auf die Feste gen Jerusalem kamen, und viele Heiden mit sich und an sich zogen.

Daß aber die Juden hoffen, es solle noch eine andere leibliche Wiederkunft geschehen, da sie allesamt wieder ins Land kommen, und Mose mit dem alten Wesen wieder aufrichten, das erträumen sie selbst, und ist kein Buchstabe davon in den Propheten noch in der Schrift gesagt oder angedeutet. Es steht wohl geschrieben, daß sie aus allen Landen, dahin sie verstoßen sind, sollen wiederkommen, aber nicht alle, sondern etliche aus allen Landen. Es ist ein gar großer Unterschied: alle Juden wiederkommen, und aus allen Landen wiederkommen. Aus allen Landen wiederkommen, das ist erfüllet; aber daß alle Juden wiederkommen, das ist niemals geweissagt, sondern das Widerspiel[126]. Gleichwie auch zu Jerusalem, da es noch stand, vor und nach der Gefangenschaft, nicht alle Gottes Volk, sondern der größere Teil des Teufels Volk, Abgöttische, Mörder und das ärgste Volk auf Erden waren.

Das andere Stück und das allerbeste (das die Juden nicht sehen noch achten wollen) in derselbigen Weissagung ist, daß Gott verheißt, er wolle ein Neues schaffen im Lande und einen neuen Bund machen, nicht wie der alte Bund Moses, (davon sie träumen). Wie es klärlich Jerem. 31 (33) steht und an vielen Orten mehr, daß sie nicht mehr zwei Königreiche, sondern ein Königreich sein sollen, unter ihrem künftigen Könige David, und soll ein ewiges Königreich sein, auch in demselben leiblichen Lande.

Dies Stück ist auch erfüllet. Denn da Christus kam und fand das Volk aus Israel und Juda aus allen Landen wieder versammelt und des das Land voll, fing er das Neue an und stiftete den verheißenen neuen Bund. Und er tat das nicht an einem geistlichen oder andern leiblichen Ort, sondern eben in demselben leiblichen Lande Kanaan und in demselben leiblichen Jerusalem, wie es verheißen war, dahin sie aus allen Landen wiedergebracht waren.

Und da sie denselben Bund nicht wollten, oder doch ihrer nicht viele wollten annehmen, ist er gleichwohl ein ewiger Bund geblieben, nicht allein zu Jerusalem und in demselben Lande, sondern auch von dannen ausgebrochen in alle vier Orte der Welt, und bleibet auch heutigen Tages zu Jerusalem und allenthalben. Denn die Stätte Jerusalem ist noch da, und Christus ist Herr und König daselbst wie in aller Welt; er hilft und erhöret alle, die daselbst sind oder dahin kommen, wie in aller Welt; läßt dieweil den Mahomed mit seiner Tyrannei und den Papst mit seiner Gau-

126 Gegenteil

106

kelei machen, was sie machen. Er ist und bleibt Herr über alles.

Daß die Juden nun so fest stehen auf dem Namen Israel und rühmen, wie sie allein Israel, wir aber Heiden sind, das ist wahr nach dem ersten Stück und nach dem alten Bund Moses, der nun längst erfüllet ist. Aber nach dem andern Stück und neuen Bund sind sie nicht mehr Israel, denn es soll alles neu sein, und Israel hat müssen auch neu werden. Und sind allein die der rechte Israel, die den neuen Bund (zu Jerusalem gestiftet und angefangen) angenommen haben.

Denn nach dem alten Bunde bin ich kein Israel noch Jude; aber nun rühme ich mich, daß ich S. Paulus' Sohn bin und ein Israel oder Benjamin: denn er ist mein Vater; nicht der alte Paulus, sondern der neue Paulus, der noch derselbe alte Paulus ist, aber aus dem alten Paulus ein neuer Paulus geworden in Christo, und hat mich gezeuget in Christo durchs Evangelium, daß ich ihm ähnlich bin nach dem neuen Bund. Also sind alle Heiden, die Christen sind, die rechten Israeliten und neue Juden, aus Christo, dem edelsten Juden, geboren. Darum liegt's alles an dem neuen Bund, den der Messias stiften und alles neu machen sollte, wie er getan hat.

Und ist diese Regel wohl zu merken. Denn wo die Propheten reden von Israel, daß es ganz solle wiederkommen oder versammelt werden, wie Micha 2 (12), Hesek. 20 (40) und dergleichen, das ist gewißlich vom neuen Bund und vom neuen Israel geredet, wo nicht einer wird außen bleiben vom ewigen Reich Christi. Aber vom alten Israel ist's nicht möglich zu verstehen; denn es ist der mehrere Teil in Assyrien und Babylonien blieben, tot und lebendig, und gar wenige sind wiedergekommen; wie Esra dieselben alle aufzählet.

Aber die Juden wollen den Messias haben nach dem alten Bund und dieses neuen Bundes nicht achten. So verfehlen sie alles beides, schweben zwischen Himmel und Erde. Den neuen wollen sie nicht, den alten können sie nicht haben. Darum ist auch die Schrift ihnen versiegelt, Jes. 29 (10. 11), und sie verstehen keinen Propheten. Und sitzen so ohne Regiment, leiblich und geistlich. Das leibliche und irdische haben sie nicht; denn sie haben keinen König noch Herrn, noch Königreich oder Fürstentum. Das geistliche haben sie auch nicht; denn sie wollen den neuen Bund nicht annehmen und müssen also ohne Priestertum bleiben. Summa, sie verachten diesen neuen Bund nicht allein, sondern verfolgeten ihn und wollten ihn vertilgen und nicht leiden und sind mit ihrem Bund drüber zunichte worden.

Und wenn gleich Jerusalem samt dem ganzen alten Wesen hätte können bleiben, so hätte doch der neue Bund müssen kommen und alles neu machen, die Schrift zu erfüllen; wie es jetzt in der Christenheit stehet, nämlich, daß zu Jerusalem hätte müssen ein Apostel, Bischof oder Prediger sein, wie Christus selbst angefangen, der daselbst die Kirche Christi hätte müssen regieren, das Evangelium predigen, taufen, Sakrament reichen, absolvieren, binden etc. Hätte es nicht wollen tun der Hohepriester Kaiphas oder ein andrer, so hätte es müssen ein Apostel oder der Apostel Nachkommen einer tun, wie es denn bisher geschehen ist und geschehen muß; und also doch das ewige Reich Christi auch in dem alten Jerusalem regieren, so wohl als in aller Welt, wie die Weissagung verheißen hatte und haben will; und wäre also das alte Reich Moses dageblieben als ein weltliches Regiment.

Gleichwie in aller Welt das alte, weltliche, zeitliche Regiment bleibet, und nichts hindert, daß darunter und darinnen das neue, geistliche, ewige Regiment und Reich Christi auf Erden gestiftet ist und sein eigen Wesen hat, wie wir vor Augen sehen; sonderlich wo fromme Könige und Fürsten sind, die solch neues ewiges Reich Christi in ihrem alten Regiment leiden[127] oder selbst auch annehmen, fördern und drinnen sein wollen als Christen. Sonst ist das mehrere Teil Könige, Fürsten und Herren des alten Regiments dem neuen Bund und Reich Christi ebenso giftig bitter feind und verfolgen's und wollen's vertilgen, wie die Juden in Jerusalem, gehen auch weidlich, wie jene, drüber zu Boden, wie es Rom geschehen ist, und andern auch geschehen wird. Denn Christi neues Reich muß bleiben, weil es als ein ewiges Reich verheißen ist, und das alte Reich muß zuletzt untergehen.

Und es ist gut zu rechnen[128], weil Gott selbst solch Reich ein neues Reich heißt, so muß es ein sehr viel herrlicheres Reich sein, als das alte gewesen oder noch ist, und hat Gott den Willen gehabt, ein sehr viel besseres zu machen, als das alte ist. Und wenn schon keine andere Herrlichkeit hier wäre, so ist das allein über alle Maßen herrlich genug, daß es ein ewiges Reich soll sein, das nicht aufhöre wie das alte oder weltliche Reich.

Nun sind außerdem diese unermeßlichen, herrlichen Güter drinnen: Vergebung der Sünden, Friede mit Gott, Sicherheit vom ewigen Tode und allem Übel, Gemeinschaft mit der göttlichen Majestät, allen Engeln und Heiligen, Freude und Lust an allen Kreaturen, auch nach dem Leibe. Denn derselbige Leib, der jetzt der alte Leib ist, soll auch neu werden samt allen Kreaturen, wie die Seele neu zu werden angefangen hat durch den Glauben.

Darum tun die Juden auch sich selbst Unrecht und Schaden, daß sie durch den Messias nicht das neue Reich begehren, sondern eben das vorige alte, vergängliche Reich, darinnen Silber, Gold, Güter, Gewalt, Ehre, Lust und Freude nach dem sterblichen Fleisch besessen wird, welche vor Gott gar gering, ja für gar nichts geschätzt sind.

127 dulden
128 verstehen

Denn wenn er solch Reich hätte wollen verheißen, würde er es nicht ein neues, anderes und besseres Reich nennen.

Und über dieser Welt Güter kann ja nichts anderes ein Neues und Besseres heißen als allein die geistlichen, ewigen, seligen Güter im Himmel, worunter kein Böses noch Übel sein kann. Aber unter den irdischen, alten, zeitlichen Gütern, wenn sie gleich so herrlich wären, wie die Juden von ihrem Messias träumen, so muß doch viel Böses und viel Übels drunter sein und bleiben, zum allerwenigsten der Tod und das Ende solcher Güter.

Solche zwei Stücke lehret uns auch Hesekiel, daß er von der Wiederkunft aus Babylon das Volk tröstet, aber viel mehr von dem neuen Israel und Reich Christi weissagt. Das ist sein Gesicht vom Wagen und ungefähr auch sein Tempel im letzten Teil seines Buches.

Im Anschluß an die Vorrede gibt Luther eine »Unterrichtung, wie das Gebäu Ezechielis in den letzten Kapiteln, von dem 40. bis ans Ende des Propheten, zu verstehen sei«. *Damit kann kein sichtbares Gebäude gemeint sein:* Sondern wie der Wagen am Anfang, also auch das Gebäu am Ende nichts anderes ist als das Reich Christi, die heilige Kirche oder Christenheit hier auf Erden bis an den jüngsten Tag. Wie aber alle Stücke zu deuten und zu setzen sind eigentlich, das wollen wir sparen bis in jenes Leben, wenn wir den ganzen Bau alsdann in allem bereit und fertig sehen werden. Jetzt, dieweil es noch im Bauen gehet, und viel Stein und Holz, hierzu gehörig, noch nicht geboren sind, geschweige gezimmert, können wir's nicht alles sehen. Ist genug, daß wir wissen, es sei Gottes Haus und sein eigen Gebäu, darinnen wir alle sind.

Auf daß die Einfältigen und die, welche die Historien nicht wissen noch lesen können, dies Buch S. Danielis doch etlichermaßen mögen verstehen, will ich mit dieser Vorrede eine kleine Anweisung geben. Und aufs erste, wie Daniel etliche Jahre vor der Zerstörung Jerusalems gen Babel sei kommen, unter dem Könige Jojakim, welchen der König Nebukadnezar fangen und binden ließ und wollte ihn gen Babel führen; und er ward doch andern Rats und ließ ihn dableiben, führte aber etliche der besten Leute (unter welchen Daniel auch gewesen ist) und Gefäße aus dem Tempel mit sich. Von dem allen findet man im zweiten Buch der Könige im 24. Kapitel und in der Chronica 2. Buch im 36. Kapitel.

Im *ersten* Kapitel geht vorher ein schönes Exempel von dem Leben Daniels, wie heilig, gottesfürchtig und wie eines großen ritterlichen Glaubens zu Gott er gewesen sei, unter solchem wüsten heidnischen Wesen und unter so viel greulichen Ärgernissen, die er zu Babel hat müssen sehen und hören täglich, und doch fest und beständig geblieben ist und solches alles in seinem Herzen überwunden hat.

Darum folget auch bald hernach, wie Gott ihm so große Gnade erzeiget und ihn zum ersten geistlich hoch ehret, mit Weisheit und Verstand über alle Menschen begabt und hernach auch weltlich hoch setzt und eitel mächtige, große Wunder und Werke durch ihn tut. Damit zeigt er uns allen an, wie lieb und wert er die habe, die ihn fürchten und ihm vertrauen, er lockt uns mit solchem Exempel gar freundlich zur Gottesfurcht und zum Glauben.

Im *zweiten* Kapitel geht Daniels Ehre an; ihre Ursache ist des Königs Traum, welchen Daniel aus göttlicher Offenbarung wiederfindet[129] und deutet. Dadurch wird er ein Fürst im ganzen Lande Babel und ein Bischof oder Oberster über alle Geistlichen und Gelehrten. Das geschieht auch dem ganzen jüdischen Volk zu Trost, auf daß sie im Elende nicht zweifeln oder ungeduldig sein sollen, als hätte sie Gott verworfen und seine Verheißung von Christo[130] aufgehoben. Darum muß ein gefangener Jude ein solch groß Königreich regieren und kein Babylonier solche Ehre haben, gerade als wäre er dazu gefangen weggeführt, daß er ein so großer Herr werden sollte auch über die, die ihn gefangen hatten und hielten. So gar wunderbar führt Gott seine Gläubigen und gibt viel mehr, als ein Mensch wünschen kann.

Der Traum aber und das Bild ist im Text durch Daniel selbst klar gedeutet auf die vier Königreiche: das erste der Assyrier und Babylonier, das andere der Meder und Perser, das dritte des großen Alexander und der Griechen, das vierte der Römer. In dieser Deutung und Meinung ist alle Welt einträchtig, und das Werk[131] und die Historien beweisen's auch gewaltig. Aber vom römischen Reich redet er am meisten und längsten; darum müssen wir auch fleißig zuhören.

Am Ende, da sich die eisernen Schenkel beginnen zu teilen in die Zehen an den Füßen, deutet er drei Stücke auf das römische Reich. Das erste ist, daß die Zehen geteilt sind, aber doch gleichwohl den Ursprung von dem eisernen Fuße behalten; gleichwie im menschlichen Leibe auch die Zehen sich teilen, aber doch gleichwohl aus dem Fuße herauswachsen und zum Fuße gehören. So ist das römische Reich zertrennt, da Hispania, Frankreich, England und

129 versteht
130 dem künftigen Messias
131 die Tatsachen

andre Stücke mehr davon losgekommen sind. Es ist aber dennoch herausgewachsen und wie eine Pflanze versetzt (wie sie es nennen) von den Griechen auf die Deutschen[132]; so, daß dennoch des Eisens Art ist dageblieben. Denn es hat noch seine Stände, Ämter, Rechte und Gesetze, wie es vorzeiten gehabt. Darum spricht er hier: Ob's wohl ein zertrennet Reich sein wird, so soll doch des Eisens Wurzel, Pflanze oder Stamm darin sein.

Das zweite Stück: daß solche geteilten Zehen sind ungleich, teils Eisen, teils Ton; was er selbst deutet, daß es soll ein so zerteiltes Reich sein, daß es einmal mächtig, einmal schwach sei. Das findet[133] sich so: Es hat oft manchen weidlichen[134] Kaiser gehabt, wie Karl den Großen, die drei Ottones und dergleichen, die unüberwindlich gewesen sind, wiederum auch oft schwache und unglückliche Kaiser, die oft überwunden worden sind. Das wird aber alles darum gesagt, daß wir wissen, wie das römische Reich soll das letzte sein, und niemand soll es zerbrechen, außer allein Christus mit seinem Reich. Darum ob sich gleich viel Könige wider das deutsche Kaisertum gesetzt, und der Türke auch dawider tobt, und sie alle vielleicht etliche mal eine Schlacht gewinnen mögen, so können sie doch solcher eisernen Wurzel und Pflanze nicht mächtig werden oder gar sie ausrotten. Es muß bleiben bis an den jüngsten Tag, wie schwach es immer sei, denn Daniel lügt nicht, wie bisher die Erfahrung auch bewiesen hat, an Päpsten selbst und an Königen.

Das dritte Stück, daß solche zerteilten, ungleichen Zehen gleich gemenget oder eine um die andere gewechselt stehen, deutet er selbst so, daß es ein solch schwaches Reich

---

132 die Theorie der Übertragung des römischen Kaisertums (translatio imperii) von Byzanz auf Karl den Großen (800)
133 ergibt
134 tüchtigen

sein wird, das sich mit Bündnis und Freundschaft hin und her bei andern Königen flicken[135] und sich stärken wird; aber es wird doch nicht helfen noch Treue finden, und muß also allein durch Gottes Vorsehung[136] seine Stärke und Sieg haben, wenn es sein soll.

Den Berg, davon der Stein ohne Menschenhände gerissen wird, deuten etliche auf die heilige Jungfrau Maria, von welcher Christus geboren ist ohne menschlich Zutun, und ist nicht unchristlich geredet. Es mag aber auch wohl der Berg sein das ganze jüdische Reich, aus welchem Christus kommen und ihr Fleisch und Blut ist, und das doch nun von ihnen gerissen und unter die Heiden kommen ist. Da ist er in aller Welt ein Herr worden, in allen diesen vier Königreichen, und wird's auch bleiben.

Im *dritten* Kapitel beschreibt er abermals ein groß Wunderzeichen des Glaubens: daß die drei Männer im glühenden Ofen erhalten werden; wodurch denn Gott bekannt und gepreiset ward vom Könige durchs ganze Königreich, auch mit Schriften. Welches abermal geschieht zu Trost den gefangenen Juden, welche samt ihrem Gott gar verachtet und nichts waren zu Babel unter den Tyrannen und falschen Göttern. Aber hier wird ihr Gott hoch geehret über alle Götter; auf daß sie ja fest glauben sollen, er könne und wolle sie wohl erlösen zu rechter Zeit, und indes an solcher seiner Ehre und Wundern sich halten und trösten.

Im *vierten* Kapitel steht ein trefflich Exempel wider die Wüteriche und Tyrannen. Denn da wird der große mächtige König seiner Vernunft beraubt und so rasend und toll, daß man ihn wie einen tollen Hund mit Ketten binden und auf dem Felde gehn lassen muß, den man bei den Leuten nicht hat können dulden. Jetzt, wo es da im Buch steht, scheint es ein geringes Ding. Aber wenn wir hätten sollen

135 sich behelfen
136 Vorsorge

dabei sein und solches gesehen hätten, so würden wir ein schrecklich greulich Urteil Gottes gesehen haben, also daß sich wohl jedermann hätte müssen von Herzen erbarmen über alle Oberherren und bösen Tyrannen, daß sie so grausam Urteil müssen gewarten, wo sie ihre Herrschaft mißbrauchen.

Solches geschieht aber auch zu Trost, dazumal den elenden gefangenen Juden und jetzt und immerdar allen, die von den Tyrannen geplagt werden oder Unrecht leiden, daß sie sehen, wie Gott wolle und könne uns rächen an unsern Feinden, mehr als wir zu wünschen wagen. Wie der 58. Psalm (11) auch sagt: »Der Gerechte wird mit Freuden die Rache sehen und seinen Gang in des Gottlosen Blut baden.« Darum sollen wir solche Tyrannen nicht allein geduldiglich leiden, sondern auch uns ihres künftigen Urteils erbarmen und für sie herzlich bitten, gleich wie hier der fromme Daniel tut und betrübt sich, daß es dem Könige (der sie doch gefangen und ihr Land zerstöret hatte) so übel gehen soll, und wünscht es lieber seinen Feinden.

Aber wiederum ist es für die frommen Herrn und Fürsten ein tröstlich, lieblich Bild: daß Gott der Herr auch diesen tyrannischen König durch einen schönen Baum vorbildet[137], der alle Tiere nähret und unter seinem Schatten ruhen läßt. Damit zeigt Gott an, daß er Ruhe und Friede, Schutz und Schirm, Nahrung und Güter und dies ganze zeitliche Leben durch die Obrigkeit gebe und erhalte, und daß es ihm gar wohlgefalle, wenn ein Herr oder Fürst solch sein Amt fleißig übet. Denn es sind schöne Früchte, schöne Äste, schön Laub, spricht er; das ist: es sind köstliche, edle, gute Werke. Weil es denn Gott selbst wohlgefällt, daß er's so fein malet, lobet und zieret, soll ein Herr ja mit Lust und Liebe sein Amt treiben, ob's gleich

137 vor Augen stellt

voller Mühe und Arbeit ist. So sollen wir auch nicht darauf achten, wie böse die Tyrannen sind, sondern ein wie köstlich nützlich Amt sie haben, von Gott, uns zu Gut und Heil eingesetzt.

Im *fünften* Kapitel kommt abermals ein Exempel wider die Tyrannen. Denn das vorige Exempel ist noch leidlich, weil der König sich strafen läßt und bekehrt sich zu Gott mit rechter Buße, Demut und Bekenntnis, so daß er ohne Zweifel aus einem Tyrannen ein großer Heiliger worden ist. Aber hier wird der verstockte, unbußfertige Tyrann, der sicher und fröhlich ist in seiner Bosheit, gestraft ohne alle Barmherzigkeit, sodaß er Leib und Leben, Land und Leute auf einmal verliert. Welches gewißlich zu einem Schrecken allen dergleichen Tyrannen geschrieben ist.

Im *sechsten* Kapitel kommt ein fein lieblich Exempel, da ein feiner, frommer König ist, der Daniel lieb hat. Das muß Daniel auch bei den andern großen Hansen[138] entgelten; die beweisen ihm ein Hofetücklein[139], und wird auch schließlich in der Löwen Loch geworfen. Da werden die gefangenen elenden Juden wiederum betrübt worden sein. Aber Gott erweiset sich abermals redlich und tröstlich und kehrt das Spiel so fein um, daß Daniels Feinde das mußten selbst aussessen, was sie ihm hatten eingebrockt. Wie der siebente Psalm (15 ff.) sagt: »Sie gehen mit Unglück schwanger, aber sie gebären fehl; ihr Unglück fällt auf ihren Kopf und ihr Frevel auf ihren Wirbel.« Also ist Daniels Leben nichts anderes, als ein feiner, reiner Spiegel, darin man siehet des Glaubens Kampf und Sieg durch Gottes Gnade wider alle Teufel und Menschen, und seine große Frucht und Nutzen, den er durch Geduld und Kreuz schafft vor Gott und der Welt.

Im *siebenten* Kapitel gehen an die Gesichte und Weissa-

138 mächtigen Leuten
139 verüben eine Hoftücke an ihm

gungen von den zukünftigen Königreichen und sonderlich von dem Reich Christi, um welches willen alle diese Gesichte geschehen. Und aufs erste die vier Königreiche, die er droben im 2. Kapitel im großen Bilde angezeigt hat, siehet er hier abermals in einer andern Gestalt, nämlich in vier Tieren; allermeist um des vierten Tiers, des römischen Reichs willen, von dem er etwas sagen will. Denn unter demselbigen römischen Reich sollte das größte Ding auf Erden geschehen, nämlich Christus kommen, die Menschen erlösen, und die Welt ihr Ende nehmen.

Luther gibt nun eine Ausdeutung der vier Tiere auf Assyrien und Babylonien (geflügelter Löwe), Medien und Persien (Bär), das Reich Alexanders des Großen (Leopard), das Römerreich (Tier mit den eisernen Zähnen)[140].

Im *achten* Kapitel hat Daniel ein sonderlich Gesicht, das nicht die ganze Welt, wie das vorige, sondern sein Volk, die Juden betrifft, wie es ihnen gehn soll vor dem römischen Reich und ehe denn Christus kommen würde; nämlich unter dem dritten Reich des großen Alexander; auf daß sie abermals getröstet werden und nicht verzagen in dem Jammer, der über sie kommen würde, als wollte Christus sie wieder verlassen und nicht kommen. Und zwar deutet Daniel das Gesicht selber, daß der Widder mit den zweien Hörnern sei der König in Medien und Persien; der Ziegenbock sei der große Alexander, der Darius schlug, den letzten König in Persien, und gewann sein Königreich. Und Daniel spricht, daß der Bock so geflogen sei, daß er die Erde nicht berührte. Denn mit Alexander ging's so schleunig, daß er in zwölf Jahren die Welt bezwang. Er fing an, als er zwanzig Jahre alt war, und starb im zweiunddreißigsten Jahr, sodaß gewißlich für eine Person[141] kein größerer Mann (mit der Welt zu reden) auf Erden kommen ist, noch

140 Vgl. WA Dt. Bibel 11 II; 10, 26–12, 22.
141 für das, was *ein* Mensch leisten kann

kommen wird. Aber was bald aufgehet, das vergehet auch bald. Denn sein Königreich zerfiel gleich, als er starb, und wurden die vier Königreiche daraus: Syrien, Ägypten, Kleinasien, Griechenland.

Im Folgenden schildert Luther die Geschichte der Diadochen-reiche bis zu Antiochus Epiphanes und seinem unglücklichen Ende (1. Makk. 16)[142].

Also soll's den Tyrannen gehn. Denn dieser Antiochus ist hier zum Exempel gesetzt aller bösen Könige und Fürsten, sonderlich derer, die wider Gott und sein Wort toben. Darum haben auch alle vorigen Lehrer diesen Antiochus eine Figur[143] des Antichrists genennt und gedeutet, haben's auch recht getroffen. Denn ein solcher wüster Unflat und ein solcher wütiger Tyrann sollte zum Vorbilde des letzten Greuels erwählt werden, wie denn auch etliche Worte in diesem und im 12. Kapitel sich merken lassen und heimlich anzeigen.

Das *neunte* Kapitel hat zuerst ein sehr schön Gebet, worin Daniel bittet für sein Volk, das zu Babel gefangen war, und für die Stadt Jerusalem und den Tempel, daß die Juden könnten wieder heimziehen und den Gottesdienst wiederum anrichten. Das Gebet wird erhöret; dazu wird ihm mehr, als er bittet, offenbart: wieviel Jahre noch sein sollen, daß Christus komme und sein ewiges Reich anfange. Und dies ist eine treffliche große Offenbarung von Christo, die so gewiß und genau die Zeit bestimmet.

Von diesen siebzig Wochen, die der Engel nennt, meinen einträchtlich alle Lehrer, es seien Jahreswochen und nicht Tagewochen, wozu auch die Erfahrung zwinget. Denn siebzig Tagewochen machen noch nicht zwei Jahre. Das wäre keine sonderliche Zeit zu solcher herrlichen Offenbarung. So machen nun diese siebzig Wochen 490 Jahre. So

---

142 WA Dt. Bibel 11 II; 14, 8–16, 27
143 Vorausdarstellung

lange sollte man auf Christus noch harren, und alsdann sollte er sein Reich anfangen. Der Engel deutet sie und fängt an im Jahr, in dem ein Gebot ausgehet, daß Jerusalem wieder soll gebaut werden. Denn so spricht er: Von der Zeit an, wenn das Wort ausgeht, daß Jerusalem wieder soll gebaut werden etc. Welches viele haben so und so[144] gezogen. Unsre Meinung ist, daß man soll anfangen mit diesen siebzig Wochen im zweiten Jahr des Königs Darius, der Langhand[145] hieß. Denn in demselbigen Jahr geschah das Wort Gottes durch die Propheten Haggai und Sacharja und hieß Serubabel den Tempel bauen, wie man im ersten Kapitel beider Propheten findet.

Luther entwickelt darauf eine ausführliche Berechnung der 70 Jahreswochen[146].

Mit dieser Rechnung kann leicht stimmen der anderen Rechnung, nämlich vom zweiten Jahr des Darius bis auf den großen Alexander sind 145 Jahre, wie Metasthenes[147] schreibt; von Alexander bis auf die Geburt Christi 305 Jahre, wie die Historien zeugen (andere 310); von der Geburt Christi bis auf seine Taufe 30 Jahre, danach drei Jahre bis auf sein Leiden; machet alles 483 Jahre, das sind 69 Wochen. Daß sich's aber mit etlichen stößt um die fünf übrigen Jahre, soll uns nicht irren. Ist Wunder genug, daß die heidnischen und andre Historien so genau mit Daniel zusammentreffen.

Das *zehnte* Kapitel ist eine Vorrede des elften. Doch schreibt Daniel darin ein Sonderliches von den Engeln, was sonst nirgend in der Schrift steht. Nämlich, daß die guten Engel mit den bösen streiten und die Menschen

---

144 so und so: ab 1541², vorher: wüst
145 Longimanus
146 WA Dt. Bibel 11 II; 20, 3–28, 28. Zu Luthers Rechnung und den von ihm benutzten Quellen und Chronologien vgl. dort S. XLIII ff. 19 ff. Luther hat sich seit 1523 (WA 11, 333 f.) wiederholt mit der Frage beschäftigt.
147 Fälschung des Dominikaners Annius von Viterbo († 1502)

verteidigen. Und nennet auch die bösen Engel Fürsten und spricht: der Fürst aus Griechenland (20). Daher man verstehn kann, warum es an der Könige und Fürsten Höfen so wüst und wild zugeht und das Gute so gehindert, Krieg und Unglück angerichtet wird. Denn die Teufel sind da, hetzen und reizen oder hindern doch so viel, daß es nirgend von statten gehn will. Wie zum Exempel, als die Juden sollten von Babel durch die Könige in Persien frei werden, das wollte nirgend fort[148], ob's gleich die Könige gerne täten; so daß dieser Engel hier spricht, er habe zu schaffen und müsse wider den Fürsten in Persien streiten; und sorget sich doch, wo er es hinzieht, so komme dieweil der Fürst aus Griechenland. Als wollte er sagen: Wo wir einem Unglück steuern, da richtet der Teufel immer ein anderes an. Werdet ihr los von Babel, so werden euch plagen die Griechen. Davon jetzt genug; denn es gehört mehr Raum und Zeit dazu, weiter davon zu reden.

Im *elften* Kapitel weissagt Daniel seinem Volk, den Juden, fast desgleichen, wie er im achten Kapitel tut, von dem großen Alexander und den zwei Königreichen Syrien und Ägypten, allermeist um des Antiochus willen (der Edel heißt)[149], der die Juden plagen sollte. Aber er malet denselben also, daß er seine Worte endlich dahin lenkt, daß er unter der Person des Antiochus den Antichrist beschreibt und also diese unsere letzte Zeit trifft, hart vor dem jüngsten Tag; denn auch alle Lehrer einträchtig solche Weissagung vom Antiocho auf den Antichrist deuten. Und die Worte geben's und zwingen's auch, daß er nicht nur und allein den Edlen meine, sondern menget den Edlen und Antichrist untereinander und verwirret also williglich[150] seine hellen, lichten Worte.

148 vorankommen
149 Epiphanes
150 absichtlich

Luther gibt dann eine ausführliche Erläuterung zu den in Kapitel 11 geschilderten Diadochenkriegen bis zu Antiochus Epiphanes[151].

Das *zwölfte* Kapitel, wie es alle Lehrer einträchtig auslegen, gehet ganz und gar unter Antiochus' Namen auf den Antichrist und auf diese letzte Zeit, darinnen wir leben. Darum ist hie keine Historie mehr zu suchen, sondern das helle Evangelium zeigt und sagt jetzt einem jeden wohl, wer der rechte Antiochus sei, der sich über alle Götter erhoben hat und Frauenliebe, d. i. den Ehestand, nicht geachtet, sondern verboten, und dafür die Welt mit seines Gottes Abgötterei, dazu mit fleischlicher Unzucht erfüllet hat, und die Schätze und Güter auf Erden austeilet etc. Denn Frauenliebe heißt hier nicht die unzüchtige Liebe, sondern muß die ehrliche züchtige Liebe zum Weibe heißen, die Gott geschaffen und geboten hat: nämlich die eheliche, weil der Prophet allhier das für eines der vornehmsten Laster des Antichristes rechnet, daß er die Liebe zu den Frauen nicht achtet. Dabei wollen wir's auch hie lassen, denn dieses Kapitels Verstand und die geistliche Deutung des Antiochus gehet und stehet in der Erfahrung, und wie er sagt, wird die Auferstehung der Toten und die rechte Erlösung bald darauf folgen.

Seit 1541 schiebt Luther hier eine unfangreiche Erklärung von Kapitel 11, 36–12, 12 ein, die sich mit dem Papst als Antichrist und den Zeichen des Endes beschäftigt. Sie schließt mit den Worten:

Ich aber für mich lasse mir daran genügen, daß der jüngste Tag vor der Tür sein muß. Denn die Zeichen, die Christus verkündigt und die Apostel Petrus und Paulus, sind nun fast alle geschehen. Und die Bäume schlagen aus; die Schrift grünet und blühet. Ob wir den Tag nicht so eben

---

151 WA Dt. Bibel 11 II; 32, 7–48, 6

wissen können, liegt nicht daran. Ein andrer mache es besser; es ist gewißlich alles am Ende[152].

Aus dem sehen wir, welch ein trefflicher großer Mann Daniel vor Gott und der Welt gewesen ist. Erstlich vor Gott, daß er eine so sonderliche Weissagung vor allen Propheten gehabt hat, nämlich daß er nicht allein von Christo wie die andern weissaget, sondern auch die Zeit und Jahr zählet, bestimmt und gewiß setzet; dazu die Königreiche bis auf dieselbe gesetzte Zeit Christi nach einander in richtiger Ordnung mit ihrem Handel und Wandel so fein und eben fasset, daß man der Zukunft Christi ja nicht fehlen kann, man wolle es denn mutwilliglich wie die Juden tun. Und dazu fort, bis an den jüngsten Tag, des römischen Reiches Stand und Wesen und der Welt Lauf auch ordentlich darstellt, daß man auch des jüngsten Tages nicht fehlen oder unversehens dreinfallen muß, man wolle es denn auch mutwillig, wie unsre Epikurer[153] tun.

Darum dünkt mich, S. Petrus habe sonderlich den Daniel gemeinet, da er spricht 1. Petr. 1 (10 f.): »Die Propheten haben geforscht, auf welche und welcherlei Zeit der Geist Christi deutet« etc. »Welche« heißt, daß er die Zeit gewiß abrechnet, und bestimmet, wie lange und wieviel Jahr dahin sein sollten. »Welcherlei« heißt, daß er fein abmalet, wie es zur selbigen Zeit in der Welt gehen und stehen sollte, wer das oberste Regiment haben oder wo das Kaisertum sein sollte: daß er also nicht allein die Zeit, sondern auch den Wandel, Gestalt und Wesen derselbigen Zeit verkündigt. Welches über alle Maßen unsern Christenglauben sehr stärkt und uns im Gewissen sicher und fest macht, weil wir das vor Augen kräftig im Schwang sehen, was er uns in seinem Buch klärlich und richtig so lange zuvor hat beschrieben und vorgemalet.

152 WA Dt. Bibel 11 II; 50, 1–124, 20
153 S. o. S. 84, Anm. 88.

Denn Daniel weissaget frei und bestimmt klärlich, daß Christi Zukunft und seines Reiches Anfang (welches ist seine Taufe und Predigtamt) soll geschehen nach dem Könige Kores[154] bei 510 Jahren (9, 25). Und sollte in der Welt der Perser und Griechen Reich aus sein und das römische Reich im Schwange gehn. Also daß Christus mußte gewißlich kommen zur Zeit des römischen Reiches, da es am besten stund, das auch Jerusalem und den Tempel zerstören sollte; weil nach demselbigen Reich keins mehr kommen, sondern der Welt Ende darauf folgen soll, wie Daniel 2. und 7. deutlich verkündigt.

Vor der Welt ist er auch ein großer trefflicher Mann gewesen. Denn wir sehen hier, daß er die zwei ersten Königreiche als der Oberste regieret. Als sollte Gott sagen: Ich muß diesen Königreichen Leute geben, und sollte ich gleich mein Jerusalem und mein Volk drüber zerstören lassen. Und wie wohl er nicht ein König gewesen ist, noch groß Gut oder Ehre davon gehabt, so hat er dennoch die königlichen Werke, Geschäfte und Ämter gehabt und ausgerichtet. Wie es denn der Welt Lauf ist, daß die, welche zu Hofe am meisten arbeiten, das wenigste haben, und die nichts tun, das meiste kriegen; nach dem evangelischen Sprichwort: »Ein andrer säet, ein andrer erntet.« Joh. 4 (37). Ja, was wohl ärger ist: er mußte noch Haß, Neid, Gefahr und Verfolgung darüber zu Lohn haben; wie denn die Welt pfleget allen Dienst und Wohlthat zu bezahlen mit solchem Lohn. Aber es schadet Daniel nicht. Er ist gleich wohl Gott desto lieber; der belohnet es ihm desto reichlicher und hält zu Babel und Persien Daniel wie einen König. Denn er rechnet und richtet nach der Tat und Frucht, nicht nach der Person und Namen. Darum ist Daniel mit der Tat der rechte König zu Babel und Persien, obwohl er keine

154 Kyros

königliche Person noch Namen führte, dazu nicht viel Gutes, sondern Unglück und alle Gefahr davon hat. Siehe, also kann Gott seine gefangenen Juden trösten und ehren, daß er aus eines Bürgers Sohn des zerstörten Jerusalem einen zwiefältigen Kaiser macht zu Babel und Persien.

Summa, es ist unter allen Abrahams Kindern keiner so hoch in der Welt erhöhet als Daniel. Es war Joseph wohl groß in Ägypten bei König Pharao; ebenso waren David und Salomo groß in Israel. Aber es sind alles geringe Könige und Herren gegen die Könige zu Babel und Persien, bei denen Daniel der oberste Fürst war. Welche er auch wunderbarlich zu Gott bekehret, und ohne Zweifel in beiden Kaisertümern große Frucht bei viel Leuten geschafft hat, die durch ihn sind zur Erkenntnis Gottes kommen und selig worden. Wie denn derselbigen Kaiser Briefe und Gebot, daß man Daniels Gott in allen Landen ehren sollte, wohl anzeigen, Kap. 2 (47) und 6 (26 f.).

Diesen Daniel empfehlen wir nun zu lesen allen frommen Christen, welchen er zu dieser elenden letzten Zeit tröstlich und nützlich ist. Aber den Gottlosen ist er nichts nütze, wie er selbst am Ende sagt: Die Gottlosen bleiben gottlos und achten's nicht (12, 10). Denn solche Weissagungen Daniels und dergleichen sind nicht allein darum geschrieben, daß man die Geschichte und die künftigen Trübsale wissen und den Vorwitz als mit neuer Zeitung büßen[155] solle, sondern daß sich die Frommen damit trösten und fröhlich machen und ihren Glauben und Hoffnung in der Geduld stärken sollen: als die da hier sehen und hören, daß ihr Jammer ein Ende haben, und sie von Sünden, Tod, Teufel und allem Übel (darnach sie seufzen) ledig, in den Himmel zu Christo in sein seliges ewiges Reich kommen sollen. Gleich wie Christus auch Luc. 21 (28) die Seinen tröstet durch die

---

155 die Neugier mit neuen Nachrichten befriedigen

greuliche Zeitung und spricht: »Wenn ihr solches sehn werdet, so sehet auf, und richtet eure Häupter auf, denn eure Erlösung ist nahe« etc.

Darum sehen wir auch hier, daß Daniel alle Gesichte und Träume, wie greulich sie sind, immerdar mit Freuden endet, nämlich mit Christi Reich und Zukunft[156]; um dessen Zukunft willen, als um das vornehmste endliche[157] Hauptstück, solche Gesichte und Träume gebildet, gedeutet und geschrieben sind. Wer sie nun auch will nützlich lesen, der soll an der Historie oder Geschichte nicht hangen oder haften und da bleiben, sondern sein Herz weiden und trösten in der verheißenen und gewissen Zukunft unsers Heilands Jesu Christi, als in der seligen und fröhlichen Erlösung von diesem Jammertal und Elend. Dazu helfe uns derselbige unser lieber Herr und Heiland samt dem Vater und heiligen Geiste, gelobet in Ewigkeit. Amen, Amen.

Vorrede auf den Propheten Hosea

1532

Hosea hat gelebt und gepredigt (wie er selbst im Titel anzeigt) zur Zeit des zweiten und letzten Jerobeam, des Königs von Israel, zu welcher Zeit auch Jesaja in Juda, auch Amos und Micha gelebt haben, aber Hosea ist der älteste unter ihnen gewesen. Es war Jerobeam auch ein feiner glücklicher König, der viel getan hat bei dem Königreich Israel, wie das zweite Buch der Könige im 14. Kapitel bezeuget. Blieb aber doch bei der alten Abgötterei seiner Vorfahren, der Könige Israels. So daß fürwahr zu der Zeit

156 Wiederkunft
157 endgültige

viel treffliche Männer in dem Volk gewesen sind, haben dennoch die Leute nicht können fromm machen. Denn der Teufel hatte das Herzeleid anzurichten in diesem Volk, daß sie immer die Propheten töteten und ihre Kinder den Götzen verbrannten und also das Land mit Blutschulden fülleten. Wie er hier im 1. Kapitel Jesreel darum dräuet.

Es sieht sich aber an, als sei diese Weissagung Hoseas auch nicht voll und ganz geschrieben, sondern etliche Stücke und Sprüche aus seinen Predigten gefasset und in ein Buch zusammengebracht. Doch spüret und findet man drinnen so viel, wie er die zwei Ämter reichlich und getrost getrieben hat: erstlich, daß er wider die Abgötterei zu seiner Zeit hart gepredigt und das Volk frisch gestraft hat, samt dem Könige und seinen Fürsten und Priestern, daran er den Tod gewißlich (wie die andern) hat gefressen und als ein Ketzer wider die Priester und als ein Aufrührer wider den König hat müssen sterben. Denn das ist ein prophetischer und apostolischer Tod; so hat Christus selbst müssen sterben. Zum andern hat er von Christo und seinem Reich auch gewaltiglich und gar tröstlich geweissagt, wie denn sonderlich das 2. und 13. und 14. Kap. anzeigen.

Daß er aber vielmal des Worts Hure und Hurerei braucht und im 1. Kap. ein Hurenweib nimmt, soll niemand denken, er sei so unzüchtig mit Worten und Werken. Denn er redet geistlich, und dasselbige Hurenweib ist seine rechte redliche Ehefrau gewesen, und hat rechte Ehekinder mit ihr gezeuget. Sondern das Weib und die Kinder haben solchen schändlichen Namen müssen tragen zum Zeichen und Strafe des abgöttischen Volkes, das voll geistlicher Hurerei (das ist Abgötterei) war; wie er selbst sagt im Text: »Das Land läuft vom Herrn der Hurerei nach« (1, 2). Gleichwie Jeremias die hölzerne Kette[158] und Becher trug zum Zei-

158 Joch (Jer. 27, 2; 28, 10 f.)

chen, und gemeiniglich die Propheten etwas Seltsames taten zum Zeichen dem Volk. Also muß hier sein ehelich Weib und Kinder auch Hurennamen haben zum Zeichen wider das hurerische, abgöttische Volk. Denn es ist nicht zu glauben, daß Gott einen Propheten sollte heißen Hurerei treiben, wie etliche hier den Hosea deuten wollen.

Vorrede auf den Propheten Joel

1532

Joel zeigt nicht an, zu welcher Zeit er gelebt und gepredigt habe. Es sagen aber die Alten, er sei gewesen zu der Zeit, da Hosea und Amos gewesen sind. Das lassen wir so gut sein und wissen's nicht zu verbessern.

Es ist aber ein gütiger und sanfter Mann gewesen, schilt und straft nicht so, wie die andern Propheten, sondern flehet und klagt, wollte gern die Leute fromm machen mit guten, freundlichen Worten und sie vor Schaden und Unglück bewahren. Aber es wird ihm freilich wie andern Propheten gegangen sein, daß man seinem Wort nicht geglaubt und ihn für einen Narren gehalten hat.

Doch ist er im Neuen Testament hoch berühmt; denn S. Petrus zieht ihn hervor, Apg. 2 (16. 17), und muß Joel die erste Predigt geben, die in der christlichen Kirche geschehen ist, nämlich auf den Pfingsttag zu Jerusalem, als der heilige Geist jetzt gegeben war. So führet S. Paulus den Spruch auch gar herrlich an: »Wer den Namen des Herrn anruft, soll selig werden«, welcher auch im Joel im 2. Kapitel stehet[159].

Im ersten Kapitel weissagt er die zukünftige Strafe über

159 Joel 3, 5; Röm. 10, 13

das Volk Israel, daß sie sollten von den Assyrern verderbet und weggeführt werden, und nennet die Assyrer Raupen, Heuschrecken, Käfer und Geschmeiß. Denn die Assyrer fraßen das Königreich Israel, ein Stück nach dem andern, bis sie es ganz verderbeten. Aber doch mußte zuletzt der König Sanherib vor Jerusalem darnieder liegen, welches hier Joel im 2. Kapitel (20) anrühret, wo er spricht: »Und den von Mitternacht will ich ferne von euch treiben« etc.

Zum andern weissagt er am Ende des zweiten Kapitels und fortan hinaus vom Reich Christi und dem heiligen Geist, und saget von dem ewigen Jerusalem. Daß er aber vom Tal Josaphat spricht, wie der Herr alle Heiden daselbst vor Gericht fordern wolle, welches die alten Väter vom jüngsten Gericht verstehen, und ich solchen Verstand nicht verdamme, halte aber dennoch, daß Joels Meinung sei: gleichwie er das ewige Jerusalem die christliche Kirche heißt, also heiße er auch dieselbige das Tal Josaphat, darum, daß alle Welt zur christlichen Kirche durchs Wort gefordert und in derselbigen gerichtet und durch die Predigt gestraft wird, wie sie allzumal Sünder vor Gott sind. Wie Christus spricht: Der Geist der Wahrheit wird die Welt strafen um die Sünde (Joh. 16, 8). Denn Josaphattal heißt Gerichttal. Gleichwie auch Hosea im 2. Kapitel (15) die christliche Kirche das Tal Achor nennet.

Vorrede auf den Propheten Amos

1532

Amos zeigt seine Zeit an, daß er zur Zeit Hoseas und Jesajas gelebt und gepredigt hat und eben wider dieselben Laster und Abgötterei oder falsche Heiligen, gleichwie Hosea tut, predigt und verkündiget auch die assyrische Gefangenschaft. Er ist aber auch heftig und schilt das Volk Israel fast durchs ganze Buch bis an das Ende des letzten Kapitels, wo er von Christo und seinem Reich weissaget und sein Buch damit beschließt. Daß mich kein Prophet dünkt so wenig Verheißen und so ganz eitel Schelten und Dräuen zu haben, sodaß er wohl mag heißen »Amos« (das ist) eine Last oder: der schwer und verdrießlich ist. Sonderlich weil er ein Hirte ist und nicht von der Propheten Orden, wie er selbst sagt im 7. Kapitel (14); dazu aus dem Stamm Juda von Thekoa ins Königreich Israel gehet und daselbst predigt als ein Fremder. Darum sagt man auch, der Priester Amazja (welchen er strafet im 7. Kap.) habe ihn mit einer Stange zu Tod geschlagen.

Im ersten Kapitel ist er schwer und dunkel anzusehen, da er von dreien und vier Sünden redet; darüber auch viele sich mancherlei verbrochen[160] haben und die Sache weit gesucht. Aber der Text (acht' ich) sollt's ja klärlich geben, daß dieselbigen drei und vier Sünden nicht mehr als einerlei Sünde seien. Denn er nennet und zieht ja allewege nur einerlei Sünde an, z. B. wider Damascum nennet er allein die Sünde, daß sie Gilead mit eisernen Wagen haben gedroschen[161] etc. Er nennet aber solche Sünder drei und vier darum, daß sie solche Sünde nicht büßen noch erkennen, sondern dazu auch rühmen und drauf trotzen, als hätten sie wohl getan, wie die falschen Heiligen alle tun. Denn es kann ein Sünder nicht ärger, noch größer, noch mehr werden, als wo sie ein heilig, göttlich Werk sein will und den Teufel zu Gott und Gott zum Teufel macht. Gleichwie drei und vier machen sieben, welches ist das Ende der Zahl in der Schrift, da man wieder umkehret und wieder anfängt zu zählen die Tage und Wochen.

160 den Kopf zerbrochen
161 Amos 1, 3

Er wird zweimal im Neuen Testament angeführt: erstmals Apg. 7 (42), da S. Stephan ihn anzieht aus dem 5. Kap. wider die Juden und damit beweiset, daß sie Gottes Gesetze nie gehalten haben, von Anfang her aus Ägypten. Zum andernmal, da S. Jakob Apg. 15 (16) im ersten Konzil der Apostel ihn anführet aus dem letzten Kapitel, zu beweisen die christliche Freiheit, daß die Heiden im Neuen Testament nicht schuldig sind, Moses Gesetze zu halten, welche die Juden selbst solches noch nie gehalten, und auch nicht halten konnten, wie S. Petrus Apg. 15 (10) predigt. Und das sind die vornehmsten zwei Stücke in Amos, und zwei sehr gute Stücke.

Vorrede auf den Propheten Obadja

1532

Obadja zeigt nicht an, welche Zeit er gelebt hat, aber seine Weissagung gehet auf die Zeit der babylonischen Gefangenschaft; denn er tröstet das Volk Juda, daß sie sollen wieder gen Zion kommen. Und vornehmlich gehet seine Weissagung wider Edom oder Esau, welche einen sonderlichen ewigen Haß und Neid trugen wider das Volk Israel und Juda: wie es pflegt zu gehen, wenn Freunde wider einander uneins werden, und sonderlich wo Brüder gegen einander in Haß und Feindschaft geraten, da ist die Feindschaft ohne alle Maße. Also waren hier die Edomiter dem jüdischen Volk über alle Maßen feind und hatten keine größere Freude, als daß sie sehen sollten der Juden Gefangenschaft, und rühmeten und spotteten ihrer in ihrem Jammer und Elende, wie fast alle Propheten die Edomiter um solcher gehässiger Bosheit willen schelten; wie auch der 137. Psalm über sie klagt, und spricht: »Herr, gedenke der

Edomiter, am Tage Jerusalems, da sie sprachen: Rein ab, rein ab[162], bis auf ihren Boden«[163].

Weil denn solches über alle Maßen weh tut, wenn man der Elenden und Betrübten (die man billig trösten sollte) erst noch zu ihrem Jammer spottet, lachet, trotzet und rühmet, womit der Glaube an Gott eine große starke Anfechtung leidet und gewaltiglich zum Verzweifeln und Unglauben reizt: so stellet hier Gott einen sonderlichen Propheten wider solche verdrießliche Spötter und Anfechter und tröstet die Betrübten und stärkt ihren Glauben mit Dräuen und Schelten wider solche feindseligen Edomiter, das ist, Spötter der Elenden, und mit Verheißung und Zusagung künftiger Hilfe und Errettung. Und ist fürwahr ein nötiger Trost und ein nützlicher Obadja in solchem Unfall[164].

Am Ende weissagt er von Christi Reich, das solle nicht allein zu Jerusalem, sondern allenthalben sein. Denn er menget alle Völker ineinander, wie Ephraim, Benjamin, Gilead, Philister, Kanaaniter, Zarpath: welches nicht kann vom zeitlichen Reich Israel verstanden werden, da solche Stämme und Volk im Lande unterschieden sein mußten nach dem Gesetz Moses.

Daß aber die Juden hier Zarpath auf Frankreich und Sepharad auf Hispanien deuten, laß ich fahren und halte nichts davon; sondern lasse Zarpath bleiben die Stadt bei Sidon und Sepharad eine Stadt oder Land in Assyria, wo die zu Jerusalem gefangen gewesen sind, wie der Text klärlich sagt: »und die Gefangenen Jerusalems, so zu Sepharad sind« (20). Doch halte ein jeglicher, was er will.

---

162 nieder mit ihm
163 Ps. 137, 7
164 Unglück

Diesen Propheten wollen etliche halten, wie Hieronymus zeigt, er sei der Witwe Sohn gewesen zu Zarpath bei Sidon, die den Propheten Elia nährete zur teuren Zeit, im ersten Buch der Könige, Kapitel 17 (9) und Luk. 4 (26). Nehmen des Ursache, daß er hier sich selbst nennet einen Sohn Amitthais, das ist, einen Sohn des Wahrhaftigen, weil seine Mutter zu Elia sprach, als er ihn vom Tode erweckt hatte: Nun weiß ich, daß die Rede deines Mundes wahrhaftig ist[165].

Das glaube, wer da will, ich glaub's nicht. Sondern sein Vater hat Amitthai geheißen, auf Lateinisch verax, auf Deutsch wahrhaftig. Und ist gewesen von Gath Hepher, welche Stadt liegt im Stamm Sebulon, Josua 19 (13). Denn also stehet geschrieben im 14. Kapitel (25) im zweiten Buch der Könige: »Der König Jerobeam brachte wieder herzu die Grenze Israels von Hemath an bis ans Meer im blachen[166] Felde, nach dem Wort des Herrn, des Gottes Israels, welches er geredet hatte durch seinen Diener Jona, den Sohn Amitthais, den Propheten von Gath Hepher.« Auch war die Witwe zu Zarpath eine Heidin, wie Christus auch meldet Luk. 4 (26). Aber Jona bekennet hier im ersten Kapitel (9), er sei ein Hebräer.

So haben[167] wir nun, daß dieser Jona gewesen ist zur Zeit des Königs Jerobeam, welches Großvater war der König Jehu; zu welcher Zeit der König Usia in Juda regierte. Zu welcher Zeit auch gewesen sind in demselbigen Königreich Israel die Propheten Hosea, Amos, Joel, an andern Orten und Städten. Daraus man wohl entnehmen kann, wie ein

---

165 1. Kön. 17, 24
166 ebenen
167 meinen

trefflicher, teurer Mann dieser Jona im Königreich Israel gewesen ist, und Gott große Dinge durch ihn getan hat, nämlich, daß durch seine Predigt der König Jerobeam so glücklich war und gewann alles wieder, was Hasael, der König zu Syrien, hatte dem Königreich Israel abgeschlagen[168].

Aber das geht über alles, was er in seinem Volk getan, daß er ein solch groß mächtig Königreich zu Assyrien angreifen kann und so fruchtbarlich prediget bei den Heiden, der bei den Seinen nicht so viel hätte können mit vielen Predigten ausrichten; als wollte Gott damit anzeigen den Spruch Jesajas (52, 15): »Wer's nicht gehöret hat, der wird's hören.« Zum Exempel, daß alle, die das Wort reichlich haben, dasselbe weidlich verachten, und die es nicht haben können, gerne annehmen. Wie Christus Matthaei am 21. (43) selbst sagt: »Das Reich Gottes wird von euch genommen und den Heiden gegeben, die seine Früchte bringen.«

Vorrede auf den Propheten Micha

1532

Der Prophet Micha ist gewesen zur Zeit Jesajas. Er führet auch desselben Propheten Worte, die im zweiten Kapitel stehen[169], an, so daß man wohl spüret, wie die Propheten, die zu einer Zeit gelebt, von Christo schier einerlei Wort gepredigt haben, als hätten sie miteinander davon beratschlagt.

Er ist aber der feinen Propheten einer, der das Volk um ihrer Abgötterei willen heftiglich straft und den künftigen

---

168 abgewonnen
169 Micha 4, 1-3 = Jes. 2, 2-4

Christum und sein Reich immerdar anzieht[170]; und ist vor allen in dem Stück ein sonderlicher Prophet, daß er die Stadt Bethlehem so gewiß deutet[171] und nennet, da Christus geboren sollte werden. Daher er auch im Alten Testament hochberühmt gewesen ist, wie das Matthäus im 2. Kapitel (6) wohl ausweiset.

Summa, er schilt, er weissaget, prediget etc.; aber endlich ist das seine Meinung, wenn es gleich alles muß zu Trümmern gehen, Israel und Juda, so wird doch der Christus kommen, der's alles gut machen wird. Gleichwie wir jetzt müssen strafen, schelten, trösten und predigen etc.; und darauf sagen: Wenn es denn alles verloren ist, so wird doch Christus am jüngsten Tage kommen und uns von allem Unglück helfen.

Er ist im ersten Kapitel schwer, das macht die hebräische Grammatica; und braucht viel allusiones[172], z. B.: Zaenan für Schaenan, und Achsib und Maresa etc., welche Worte er zieht auf böse Bedeutung und verkehret sie. Als wenn ich spreche: Roma, du sollst ein Raum werden und wohl ausgeräumt. Wittenberg, du sollst ein weiter Berg werden etc. Das werden die Grammatici wohl merken und unsern Fleiß spüren.

Vorrede auf den Propheten Nahum

1532

Der Prophet Nahum weissaget von der Zerstörung, welche die Assyrer wider das Volk Israel und Juda üben sollten. Wie denn durch Salmanassar und Sanherib geschehen ist

170 hinweist
171 andeutet
172 Anspielungen

um ihrer großen Sünde willen, doch sofern[173], daß die übrigen[174] Frommen sollten erhalten werden, wie denn Hiskia und seinesgleichen widerfahren ist. Darum scheinet es, als sei er vor Jesaja gewesen oder um dieselbige Zeit Jesajas.

Darnach verkündigt er die Zerstörung des Königreichs zu Assyrien, sonderlich der Stadt Ninive, welche vorher zur Zeit Jonas sehr fromm war, aber hernach wiederum voller Bosheit ward und die Gefangenen aus Israel sehr plagte, sodaß auch Tobias ihrer Bosheit ein endlich Verderben verkündigt und spricht: »Ihre Bosheit wird ihr Ende geben.«[175] Also tröstet er nach seinem Namen (denn Nahum heißt Consolator, auf Deutsch ein Tröster) das Volk Gottes, wie ihre Feinde, die Assyrer, sollen wiederum zerstöret werden.

Am Ende des 1. Kapitels[176] lautet[177] er auch, wie Jesaja am 52. von den guten Predigern, die Frieden und Heil verkündigen auf den Bergen, und heißt Juda fröhlich feiern[178]. Und wiewohl dasselbige verstanden kann werden von der Zeit Hiskias nach Sanherib, als Juda errettet ward und vor dem König Sanherib (bewahrt) blieb: doch ist's eine allgemeine Weissagung auch auf Christum, daß in Juda bleiben sollte die gute Botschaft und der fröhliche Gottesdienst, durch Gottes Wort gelehret und bekräftiget; daher er ja billig ein rechter Nahum heißt und ist.

173 nur so weit
174 übriggebliebenen
175 Tobia 14, 13
176 Nah. 2, 1
177 spricht
178 Jes. 52, 7

Vorrede auf den Propheten Habakuk

1532

Dieser Habakuk ist ein Trostprophet, der das Volk soll stärken und aufrecht erhalten, daß sie nicht verzweifeln an Christi Zukunft, es stelle sich, wie seltsam es wolle. Darum braucht er alle Kunst und Stücke, die dazu dienen, daß der Glaube fest bleibe in ihrem Herzen von dem verheißenen Christo, und predigt also: Es sei wohl wahr, daß um ihrer Sünde willen das Land vom Könige zu Babel werde müssen zerstöret werden; aber doch solle darum Christus und sein Reich nicht ausbleiben, sondern es solle auch der Zerstörer, der König zu Babel, nicht viel Glücks davon haben und auch untergehen. Denn es sei Gottes Werk und Art also, daß er helfe, wenn es not tut, und komme mitten in der rechten Zeit und wie sein Lied singet[179]: »Er gedenket an Barmherzigkeit, wenn Trübsal da ist.« Und wie man spricht: Wenn der Strick am härtesten hält, so bricht er.

Gleichwie wir auch müssen die Christen mit Gottes Wort aufrecht erhalten zum jüngsten Tage, ob's wohl scheinet, daß Christus sehr verziehe und wolle nicht kommen; wie er auch selbst sagt, daß er kommen werde, wenn man's am wenigsten denkt, wenn sie bauen, pflanzen, kaufen, verkaufen, essen, trinken, freien und heiraten werden etc.; auf daß doch etliche, wenn auch nicht alle, können im Glauben erhalten werden. Denn hier ist Glaubens und Predigens not, wie man wohl täglich vor Augen siehet.

Aus dem allen siehet man wohl, daß hier Habakuk sei gewesen vor der babylonischen Gefangenschaft, vielleicht um die Zeit Jeremias, und auch leicht zu verstehen ist, was er will und meinet.

Daß aber etliche Bücher von dem Habakuk melden, er

---

179 Hab. 3, 2

habe dem Propheten Daniel zu Babylon Essen gebracht ins Gefängnis aus dem jüdischen Lande, hat weder Grund noch Schein. So trifft's auch nicht wohl zu mit der Rechnung der Zeit, sintemal, so viel die Weissagung Habakuks ergibt, so ist er älter als Jeremias, welcher hat erlebt die Zerstörung Jerusalems; aber Habakuk weissagt davon. Daniel aber war nach Jeremia und lebte lang, ehe er in das Gefängnis ward geworfen.

Habakuk aber hat einen rechten Namen zu seinem Amt; den Habakuk heißt auf Deutsch ein Herzer, oder der sich mit einem andern herzet und in die Arme nimmt. Er tut auch also mit seiner Weissagung, daß er sein Volk herzet und in die Arme nimmt: das ist, er tröstet sie und hält sie aufrecht, wie man ein arm weinend Kind oder Menschen herzet, daß es schweigen und zufrieden sein solle, weil es, wenn Gott will, soll besser werden.

Vorrede auf den Propheten Zephanja

1532

Zephanja ist zur Zeit des Propheten Jeremia gewesen; denn er unter dem Könige Josia geweissagt hat, wie Jeremia, wie sein Titel[180] ausweiset. Darum weissagt er auch eben dasselbe, was Jeremia weissagt, nämlich, daß Jerusalem und Juda solle zerstöret und das Volk weggeführt werden, um ihres unbußfertigen, bösen Lebens willen. Er nennet aber nicht den König zu Babel, der solche Zerstörung und Gefangenschaft ihnen sollte zufügen, wie Jeremia tut; sondern schlechthin spricht er, daß Gott wolle solch Unglück und Plage über sie bringen, auf daß er sie ja zur Buße

---

180 Zeph. 1, 1

137

bewegen möchte. Denn dies Volk konnten alle Propheten noch niemals bereden, daß Gott über sie erzürnt wäre. Sie trotzten immer auf den Ruhm, daß sie Gottes Volk waren und hießen. Und welcher predigte, daß Gott über sie zornig wäre, der mußte ein falscher Prophet sein und sterben; denn sie wollten's nicht glauben, daß Gott sein Volk sollte so lassen. Gleichwie man jetzt alle die Ketzer schilt und tötet, welche da lehren, daß die Kirche irre und sündige und Gott sie strafen werde.

Er weissagt aber nicht allein Juda solch Unglück, sondern auch allen umliegenden Ländern und Nachbarn, wie den Philistern, Moab, ja auch den Mohren und Assur; denn der König zu Babel sollte eine Rute Gottes sein über alle Lande.

Im dritten Kapitel weissagt er über die Maßen herrlich und klärlich von dem fröhlichen und seligen Reich Christi, das in aller Welt ausgebreitet sollte werden. Und wiewohl er ein kleiner Prophet ist, so redet er doch mehr von Christo als viele andere große Propheten, auch schier mehr als Jeremia; womit er wiederum reichlich tröstet das Volk, auf daß sie in der babylonischen Gefangenschaft und Unglück an Gott nicht verzweifelten, als hätte er sie ewiglich verworfen, sondern gewiß wären, daß sie nach solcher Strafe wieder zu Gnaden kommen und den verheißenen Heiland Christus mit seinem herrlichen Königreich kriegen sollten.

Vorrede auf den Propheten Haggai

1532

Haggai ist der erste Prophet, der nach der babylonischen Gefangenschaft dem Volk gegeben ist, durch welches

Weissagung der Tempel und Gottesdienst wieder angerichtet ward; wozu ihm hernach über zwei Monde Sacharja zum Gesellen gegeben ward[181], auf daß durch zweier Zeugen Mund Gottes Wort desto gewisser geglaubt würde. Denn das Volk war sehr in Zweifel gefallen, ob der Tempel sollte wiederum gebauet werden.

Und wir meinen, daß von diesem Propheten Dan. 9 (25) gesagt sei, da er spricht: »Von der Zeit an, so der Befehl ausgehet, daß Jerusalem soll wiederum gebauet werden, bis auf den Fürsten Christum, sind sieben Wochen und zweiundsechzig Wochen« etc. Denn wiewohl zuvor auch durch den König Kores[182] ein Befehl war ausgegangen, daß man zu Jerusalem sollte von seinem (des Königs) Kosten den Tempel bauen, so ward's doch verhindert bis auf Haggais und Sacharjas Zeit, als Gottes Befehl ausging durch ihre Weissagung; da ging's vonstatten.

Er schilt aber das Volk, daß sie den Tempel und Gottesdienst anzurichten nicht geachtet, sondern allein auf ihre Güter und Häuser fleißig gegeizt hatten; darum sie auch geplagt wurden mit teurer Zeit und Schaden am Gewächs des Weins, Korns und allerlei Getreides: zum Exempel allen Gottlosen, die Gottes Wort und Dienst nichts achten und immer in ihren Sack geizen. Solchen allen gilt dieser Text, wo er sagt: »Ihr Sack soll löcherig sein.«[183] So findet man auch in allen Historien, wo man Gottes Diener nicht nähren will, noch sein Wort helfen erhalten, da läßt er sie getrost geizen für sich selbst und immer sammeln. Aber er macht doch zuletzt den Sack löcherig und bläset darein, daß es zerstäubet und zerrinnet, so daß niemand weiß, wo es bleibt. Er will auch mit essen, oder sie sollen auch nicht zu essen finden.

181 Haggai 1, 1; Sach. 1, 1
182 Kyros
183 Hagg. 1, 6

Er weissagt auch von Christo im zweiten Kapitel, daß er bald kommen sollte, ein Trost aller Heiden, womit er heimlich anzeigt, daß der Juden Reich und Gesetz sollte ein Ende haben und aller Welt Königreiche zerstöret und Christo untertan werden; welches bisher geschehen ist und bis an jüngsten Tag immer geschieht; da wird's denn alles erfüllet werden.

Vorrede auf den Propheten Sacharja

1532

Dieser Prophet ist nach der babylonischen Gefangenschaft gewesen und hat samt seinem Gesellen Haggai Jerusalem und den Tempel helfen wieder bauen und das zerstreute Volk wieder zusammenbringen, auf daß wiederum ein Regiment und Ordnung im Lande angerichtet würde. Und ist fürwahr der allertröstlichsten Propheten einer, denn er viele liebliche und tröstliche Gesichte bringet und viel süße und freundliche Worte gibt, damit er das betrübte und zerstreute Volk tröste und stärke, den Bau und das Regiment anzufangen, welches bis daher großen und mancherlei Widerstand erlitten hatte. Solches tut er bis in das fünfte Kapitel.

Im fünften weissaget er unter einem Gesicht des Briefes und Scheffels von den falschen Lehrern, die hernach kommen sollten im jüdischen Volk, die Christum verleugnen würden; welches Gesicht noch heutigen Tages die Juden betrifft. Im sechsten weissagt er vom Evangelio Christi und dem geistlichen Tempel, in aller Welt zu bauen, weil ihn die Juden verleugneten und nicht haben wollten.

Im siebenten und achten erhebt sich eine Frage, auf die der Prophet antwortet, tröstet und vermahnet sie abermals zum Bau und Regiment und beschließt damit solche Weissagung seiner Zeit vom Wiederbauen.

Im neunten gehet er in die zukünftige Zeit und weissagt erstlich, wie der große Alexander sollte Tyrus, Sidon und die Philister gewinnen, damit die ganze Welt geöffnet würde dem zukünftigen Evangelio Christi, und führet den König Christum zu Jerusalem ein auf einem Esel etc.

Aber im elften weissagt er, daß Christus von den Juden verkauft sollte werden um dreißig Silberlinge, darum er sie auch verlassen würde, daß Jerusalem endlich zerstöret und die Juden im Irrtum verstockt und zerstreuet sollten werden, und also das Evangelium und das Reich Christi unter die Heiden kommen, nach dem Leiden Christi, womit er vorher, als der Hirte, geschlagen und die Apostel, als die Schafe, zerstreuet sollten werden; denn er mußte vorher leiden und also in seine Herrlichkeit kommen.

Im letzten Kapitel, da er Jerusalem zerstöret hat, hebt er auch das levitische Priestertum auf samt seinem Wesen und Geräten und Feiertagen und spricht: Es werden alle geistlichen Ämter gemein sein, Gott damit zu dienen, und nicht mehr allein des Stammes Levi. Das ist: es sollten andere Priester, andere Feste, andere Opfer, andere Gottesdienste kommen, welche auch üben könnten andere Stämme, ja auch Ägypten und alle Heiden. Das heißt das Alte Testament rein abgetan und weggenommen.

Vorrede auf den Propheten Maleachi

1532

Von diesem Maleachi meinen die Hebräer, er sei der Esra gewesen. Das lassen wir so gut sein, denn wir nichts Gewisses von ihm haben können, außer daß (soviel aus seiner Weissagung zu nehmen ist) er nicht lange vor Christi Geburt und sicherlich der letzte Prophet gewesen ist, denn er ja spricht im 2. Kapitel, daß Christus der Herr bald kommen solle.

Und ist ein feiner Prophet, der schöne Sprüche hat von Christo und dem Evangelio, welches er nennet ein rein Opfer in aller Welt. Denn durchs Evangelium wird Gottes Gnade gepreiset, welches ist das rechte reine Dankopfer. Item, er weissaget von der Zukunft Johannis des Täufers, wie es Christum selbst Matth. 11 (10. 14) deutet und Johannes seinen Engel und Elias nennet, davon Maleachi schreibet[184].

Über das schilt er auch sein Volk hart darum, daß sie den Priestern nicht gaben ihren Zehnten und andere Pflicht. Und wenn sie schon gaben, so gaben sie es mit aller Untreue, als ungesunde, untüchtige Schafe, und was sie selbst nicht mochten, das mußte den armen Pfaffen und Predigern gut sein. Wie es denn zu gehen pflegt, daß, wo recht Gottes Wort und treue Prediger sind, die müssen Hunger und Not leiden; falsche Lehrer müssen immer die Fülle haben. Wiewohl die Priester mit solchen Opfern auch gescholten werden, daß sie es annahmen und opferten. Das tat der liebe Geiz[185]. Aber Gott zeiget hier an, daß er des großen Ungefallen habe, und heißt solche Untreue und Bosheit eine Schmach, die ihm selbst geschehe. Darum er ihnen auch dräuet, er wolle sie lassen und die Heiden annehmen zum Volk.

Darnach schilt er die Priester sonderlich, daß sie Gottes Wort fälscheten und untreulich lehreten und damit viele verführeten und mißbrauchten ihres priesterlichen Amts, daß sie nicht strafeten diejenigen, die untüchtig Ding opferten oder sonst nicht fromm waren, sondern lobten

184 Mal. 3, 1; 5, 4
185 Habsucht

und sprachen sie fromm, damit sie nur Opfer und Genieß[186] von ihnen kriegten. Also hat der Geiz und Bauchsorge immer Schaden getan dem Wort und Dienst Gottes und machte immer Heuchler aus Predigern.

Auch schilt er sie, daß sie ihre Weiber betrübten und verachteten, doch damit ihr Opfer und Gottesdienst auch verunreinigten. Denn im Gesetz Moses war es verboten, Gott zu opfern betrübte Opfer; und die betrübt waren, wagten nicht zu opfern noch von Opfern zu essen. Des waren die nun Ursache, welche ihre Weiber betrübt und weinend machten, und wollten sich mit Abrahams Exempel helfen, der seine Hagar mußte austreiben und betrüben. Aber er tat's nicht aus Mutwillen; gleichwie er sie auch nicht aus Vorwitz zur Ehe genommen hatte[187].

186 Unterhalt
187 1. Mose 16

VORREDEN
ZU DEN
APOKRYPHEN

Vorrede auf das Buch Judith

1534

Wenn man die Geschichte Judith könnte aus bewähreten, gewissen Historien beweisen, so wäre es ein edel fein Buch, das auch billig in den Biblien sein sollte. Aber es will sich schwerlich reimen mit den Historien der heiligen Schrift, sonderlich mit Jeremia und Esra, welche anzeigen, wie Jerusalem und das ganze Land verstöret gewesen und darnach kümmerlich wieder erbauet worden sind, zu der Zeit der Perser Monarchie, welche alles Land inne hatten umher.

Dawider schreibt dies Buch im ersten Kapitel, daß der König Nebukadnezar zu Babylon habe solche Lande als erster vorgenommen zu gewinnen, und macht den Wahn[1], als sei diese Geschichte vor der Juden Gefangenschaft und vor der Perser Monarchie geschehen. Wiederum sagt Philo[2], sie sei nach der Wiederkunft und Heimfahrt der Juden aus Babylon unter König Ahasverus geschehen, zu welcher Zeit die Juden weder Tempel noch Jerusalem erbauet noch Regiment hatten. Bleibt also der Irrtum und Zweifel an den Zeiten und Namen, daß ich's nicht kann zusammen reimen.

Etliche wollen, es sei keine Geschichte, sondern ein geistlich schön Gedicht eines heiligen geistreichen Manns,

1 erweckt die Vorstellung
2 jüdischer Schriftausleger und Religionsphilosoph des 1. Jahrhunderts n. Chr.

der darinnen habe wollen malen und abbilden des ganzen jüdischen Volkes Glück und Sieg wider alle seine Feinde, von Gott allezeit wunderbarlich verliehen. Gleichwie Salomo in seinem Hohenliede auch von einer Braut dichtet und singet, und doch damit keine Person noch Geschichte, sondern das ganze Volk Israel meinet. Und wie S. Johannes in der Offenbarung und Daniel viele Bilder und Tiere malen, womit sie doch nicht solche Personen, sondern die ganzen christlichen Kirchen und Königreiche meinen. Und Christus unser Herr selbst gern mit Gleichnissen und solchen Gedichten umgehet im Evangelio und vergleicht das Himmelreich zehn Jungfrauen, auch einem Kaufmann und Perlen, einer Bäckerin[3], einem Senfkorn, den Fischern und Netzen, den Hirten und Schafen, und so fort mehr.

Solche Meinung gefället mir sehr wohl, und denke, daß der Dichter wissentlich und mit Fleiß den Irrtum der Zeit und Namen drein gesetzt hat, den Leser zu vermahnen, daß er's für ein solch geistlich, heilig Gedicht halten und verstehen sollte. Und reimen sich hierzu die Namen über alle Maßen fein. Denn Judith heißt »Judäa«, das ist das jüdische Volk, das eine keusche, heilige Witwe ist. Das ist: Gottes Volk ist immer eine verlassene Witwe, aber doch keusch und heilig, und bleibt rein und heilig im Wort Gottes und rechten Glauben, kasteiet sich und betet. Holofernes heißt: Profanus dux vel gubernator, heidnischer, gottloser oder unchristlicher Herr oder Fürst; das sind alle Feinde des jüdischen Volks. Bethulia (welche Stadt auch nirgend bekannt ist) heißet »eine Jungfrau«: anzuzeigen, daß zu der Zeit die gläubigen frommen Juden sind die reine Jungfrau gewesen, ohne alle Abgötterei und Unglauben, wie sie in Jesaja und Jeremia genennet werden; wodurch sie

3 Matth. 13, 33

auch unüberwindlich blieben sind, obwohl sie in Nöten waren.

Und mag sein, daß sie solch Gedicht gespielet haben, wie man bei uns die Passion spielet und anderer Heiligen Geschichten, damit sie ihr Volk und die Jugend lehreten, wie in einem gemeinen Bilde oder Spiel, Gott vertrauen, fromm sein und alle Hilfe und Trost von Gott hoffen, in allen Nöten, wider alle Feinde etc. Darum ist's ein fein, gut, heilig, nützlich Buch, uns Christen wohl zu lesen. Denn die Worte, welche die Personen hier reden, soll man verstehen, als rede sie ein geistlicher, heiliger Poet oder Prophet aus dem heiligen Geist, der solche Personen vorstellet in seinem Spiel und durch sie uns prediget. Und also gehöret auf dies Buch die Weisheit Philos, welche die Tyrannen schilt und Gottes Hilfe preiset, die er seinem Volk erzeiget, als ein Lied auf solches Spiel; welches desselben Buchs wohl mag ein gemein Exempel heißen[4].

Vorrede auf die Weisheit Salomonis

1529

Dies Buch ist lange Zeit im Zank gestanden, ob's unter die Bücher der heiligen Schrift des Alten Testaments zu rechnen sein sollte oder nicht, sonderlich weil der Dichter sich hören läßt im 9. Kapitel (7), als redete in diesem ganzen Buch der König Salomo, welcher auch von der Weisheit im Buch der Könige hoch gerühmet wird. Aber die alten Väter haben's stracks aus der heiligen Schrift gesondert und gemeint, es sei unter der Person des Königes Salomo gemacht, auf daß es um solches hochberühmten Königs

4 D. h.: Wie ein Lied, das auf ein Schauspiel folgt, bringt die anschließende »Weisheit Salomonis« (Philos) ein jedermann verständliches Beispiel dafür.

Namen und Person willen desto mehr geachtet und größer Ansehen hätte bei den Gewaltigen auf Erden, an welche es vornehmlich geschrieben ist, und vielleicht längst untergegangen wäre, wenn es der Meister[5], wenn er geringen Ansehens gewesen, unter seinem Namen hätte lassen ausgehen.

Sie denken aber, es solle Philo dieses Buches Meister sein, welcher ohne Zweifel der allergelehrtesten und weisesten Juden einer gewesen ist, die das jüdische Volk nach den Propheten gehabt hat, wie er das mit andern Büchern und Taten bewiesen hat. Denn zur Zeit des Kaisers Caligula, da die Juden durch etliche Griechen, wie Apion von Alexandria und andere mehr, aufs allerschändlichste wurden mit Lästerschriften und Schmachreden geschändet und darnach vor dem Kaiser aufs allergiftigste angegeben und verklagt, ward genannter Philo vom jüdischen Volk zum Kaiser geschickt, die Juden zu verantworten und zu entschuldigen. Als aber der Kaiser so sehr erbittert war auf die Juden, daß er sie von sich wies und nicht hören wollte, da ließ sich Philo, als ein Mann voll Muts und Trostes[6], hören und sprach zu seinen Juden: Wohlan, lieben Bürder, erschreckt des nicht und seid getrost; weil Menschenhilfe uns absaget, so wird gewißlich Gottes Hilfe bei uns sein.

Aus solchem Grund und Ursache, dünket mich, sei dies Buch geflossen, daß Philo, dieweil seine und der Juden Sache und Recht nicht hat können Statt[7] finden vor dem Kaiser, wendet er sich zu Gott und dräuet den Gewaltigen und bösen Mäulern mit Gottes Gericht. Darum redet er auch so heftig und scharf im 1. und 2. Kapitel wider die giftigen bösen Zungen, die den Gerechten und Unschuldigen um der Wahrheit willen verfolgen und umbringen, und

5 Verfasser
6 Zuversicht
7 Aufnahme, Gehör

führet darnach wider die Gewaltigen ein die großen Exempel göttlichen Gerichts, die Gott über den König Pharao und die Ägypter geübt hat um der Kinder Israel willen; und tut's mit so trefflichen heftigen Worten, als wollt er gerne den Kaiser, die Römer und die giftigen Zungen der Griechen, die wider die Juden tobeten, mit einem jeglichen Wort treffen und durch solche mächtigen Exempel abschrecken und die Juden trösten. [Endlich, wenn man die Zeit, Geschichte und Schriften Philos ansiehet und dies Buch dagegenhält, so judenzet[8] es so stark und reimt sich so genau zusammen, daß die heiligen Väter nicht ohne große Ursache den Philo für dieses Buches Meister halten.][9]

Aber hernachmals ist dies Buch von vielen für ein rechtes Buch der heiligen Schrift gehalten, sonderlich aber in der römischen Kirchen also hoch und schön gehalten, daß sicherlich kaum aus einem Buch in der Schrift so viel Gesanges gemacht ist als aus diesem. Vielleicht aus der Ursache, weil in diesem Buch die Tyrannen so heftig mit Worten gestrafet und angegriffen, wiederum die Heiligen und Märtyrer so höchlich getröstet werden, und zu Rom die Christen mehr als sonst in aller Welt verfolget und gemartert wurden, haben sie dies Buch am meisten getrieben[10], weil es sich zur Sache so gut reimet, mit Dräuen wider die Tyrannen und mit Trösten für die Heiligen. Wiewohl sie viele Stücke darin nicht verstanden und gar oft bei den Haaren gezogen haben; wie denn auch sonst der ganzen heiligen Schrift oft geschehen ist und täglich geschieht.

Wie dem allen sei, es ist viel gutes Dinges drinnen und wohl wert, daß man's lese. Sonderlich aber sollten es lesen

8 redet im jüdischen Stil
9 Der letzte Satz fehlt seit 1534.
10 besonders bevorzugt

die großen Hansen[11], die wider ihre Untertanen toben und wider die Unschuldigen um Gottes Worts willen wüten. Denn dieselbigen spricht er an im 6. Kap. und bekennet, daß dies Buch an sie sei geschrieben, da er spricht: »Euch Tyrannen gelten meine Reden« etc. (10). Und sehr fein bezeuget er, daß die weltlichen Oberherren ihre Gewalt von Gott haben und Gottes Amtleute seien, aber dräuet ihnen, daß sie [nicht] tyrannisch solches göttlichen befohlenen Amtes brauchen. Darum kommt dies Buch nicht uneben zu unsrer Zeit an den Tag, dieweil jetzt auch die Tyrannen getrost ihrer Oberkeit mißbrauchen wider den, von dem sie solche Oberkeit haben, und leben doch wohl eben so schändlich in ihrer Abgötterei und unchristlichen Heiligkeit, wie hier Philo die Römer und Heiden in ihrer Abgötterei beschreibet, sodaß sich's allenthalben wohl reimet auf unsere jetzige Zeit.

Man nennet es aber die Weisheit Salomonis darum, daß es (wie gesagt ist) unter Salomonis Namen und Personen gedichtet ist, und die Weisheit gar herrlich rühmet, nämlich was sie sei, was sie vermag, woher sie komme. Und gefället mir das über die Maßen wohl drinnen, daß er das Wort Gottes so hoch rühmet und alles dem Wort zuschreibet, was Gott je Wunders getan hat, an den Feinden und an seinen Heiligen. Daraus man klar erkennen kann, daß er Weisheit hier heißt nicht die klugen, hohen Gedanken der heidnischen Lehrer und menschlicher Vernunft, sondern das heilige göttliche Wort. Und was du hierin Lobes und Preises von der Weisheit hörest, da wisse, daß es nicht anders als von dem Wort Gottes gesagt ist. Denn er auch selbst im 16. Kapitel (7) spricht: Die Kinder Israel seien nicht durch das Himmelsbrot ernähret, noch durch die eherne Schlange gesund worden, sondern durch Gottes

---

11 Herren

Wort; wie Christus Matth. 4 (4) auch sagt. Darum lehret er, daß die Weisheit nirgend herkomme als von Gott, und führet[12] also aus der Schrift viele Exempel drauf, und gibt's der Weisheit, was die Schrift dem Wort Gottes gibt.

Solches habe ich desto lieber geredet, weil man gemeiniglich das Wort Weisheit anders vernimmt, als es die Schrift braucht. Nämlich wenn man's höret, so fähret man mit fliegenden Gedanken dahin und meinet, es sei nichts als Gedanken, die in der weisen Leute Herzen verborgen liegen, und hält dieweil das äußerliche Wort oder Schrift nicht für Weisheit, wo doch aller Menschen Gedanken ohne Gottes Wort eitel Lügen und falsche Träume sind. Darum weil dieses Buchs Name heißet die Weisheit Salomonis, ist's gleich so viel gesagt, als spräche ich: Ein Buch Salomonis vom Wort Gottes, und der Geist der Weisheit ist nichts anderes als der Glaube oder Verstand desselbigen Wortes, welchen doch der Heilige Geist gibt. Solcher Glaube oder Geist vermag alles und tut, wie dies Buch rühmet im 7. Kapitel (27).

Zuletzt ist dies Buch eine rechte Auslegung und Exempel des ersten Gebots. Denn hier siehest du, daß er durch und durch lehret Gott fürchten und trauen, schreckt diejenigen mit Exempeln göttlichen Zorns, die sich nicht fürchten und Gott verachten, wiederum tröstet diejenigen mit Exempeln göttlicher Gnade, die ihm glauben und trauen; welches nichts anderes ist als der rechte Verstand[13] des ersten Gebots. Daraus kann man auch merken, daß aus dem ersten Gebot, als aus dem Hauptborn, alle Weisheit quillet und fließt, und freilich dasselbige Gebot die rechte Sonne ist, bei der alle Weisen sehen, was sie sehen. Denn wer Gott fürchtet und glaubet, der ist voller Weisheit, aller Welt Meister, aller Worte und Werke mächtig, aller Lehre und

12 bezieht
13 Verständnis

Lebens, das vor Gott gilt und hilft, Richter. Wiederum, wer das erste Gebot nicht hat und Gott weder fürchtet noch trauet, der ist voller Torheit, kann nichts und ist nichts. Und das ist die vornehmste Ursache, warum dies Buch wohl zu lesen ist, daß man Gott fürchten und trauen lerne; dazu er uns helfe mit Gnaden. Amen.

Vorrede aufs Buch Tobia

1534

Was vom Buch Judith gesagt ist, das kann man auch von diesem Buch Tobia sagen. Ist's eine Geschichte, so ist's eine feine heilige Geschichte; ist's aber ein Gedicht, so ist's wahrlich auch ein recht schön, heilsam, nützlich Gedicht und Spiel eines geistreichen Poeten. Und ist zu vermuten, daß solcher schöner Gedichte und Spiele bei den Juden viel gewesen sind, worin sie sich auf ihren Festen und Sabbaten geübt, und der Jugend also mit Lust Gottes Wort und Werk eingebildet haben, sonderlich wenn sie in gutem Frieden und Regiment gesessen sind. Denn sie haben gar treffliche Leute gehabt: Propheten, Sänger, Dichter und dergleichen, die Gottes Wort fleißig und auf allerlei Weise getrieben haben. Und Gott gebe[14], daß die Griechen ihre Weise, Komödien und Tragödien zu spielen, von den Juden genommen haben, wie auch viel andere Weisheit und Gottesdienst etc. Denn Judith gibt eine gute, ernste, tapfere[15] Tragödie; ebenso gibt Tobias eine feine, liebliche, gottselige Komödie. Denn gleichwie das Buch Judith anzeigt, wie es Land und Leuten oft elendiglich gehet, und wie die Tyrannen erstlich hoffärtiglich toben und zuletzt

14 hier = es mag sein
15 stattliche

154

schändlich zu Boden gehen, also zeigt das Buch Tobias an, wie es einem frommen Bauer oder Bürger auch übel gehet, und viel Leidens im Ehestande sei, aber Gott immer gnädiglich helfe und zuletzt das Ende mit Freuden beschließe, auf daß die Eheleute sollen lernen Geduld haben und allerlei Leiden auf künftige Hoffnung gerne tragen in rechter Furcht Gottes und festem Glauben. Und das griechische Exemplar sieht fast also aus[16], daß es ein Spiel gewesen sei; denn es redet alles in Tobias Person, wie die Personen im Spiel zu tun pflegen. Darnach ist ein Meister kommen und hat solch Spiel in eine ordentliche Rede gefasset.

Hierzu stimmen die Namen auch fein. Denn Tobias heißt »ein frommer Mann«; der zeuget auch wieder einen Tobias und muß in Gefahr und Sorgen leben, der Tyrannen und seiner Nachbarn halben, wird dazu (daß ja kein Unglück alleine sei) auch blind und zuletzt auch mit seiner lieben Hanna uneins, und verschicken ihren Sohn weg, und ist ja ein elend, kümmerlich Leben. Aber er bleibt fest im Glauben, Geduld und guten Werken. Hanna heißt »holdselig«, das ist eine liebe Hausfrau, die mit ihrem Manne in Liebe und Freundschaft lebet. Der Teufel Asmodi heißt »ein Vertilger« oder »Verderber«: das ist der Hausteufel, der alles hindert und verderbt, daß man weder mit Kind noch Gesinde fort kann[17]. Sara heißt »eine Kämpferin« oder »Siegerin«, die zuletzt obliegt, siegt und gewinnet. So ist der Engel Raphael, das ist »Arzt« oder »Gesundmacher«, auch da und nennet sich Asarja, das ist »Helfer« oder »Beistand«, des großen Asarja Sohn, das ist: »Gottes des Höchsten Beistand, Gesandter oder Bote«. Denn Gott hilft haushalten und stehet den Eheleuten bei, sonst könnten sie vor dem Asmodi nirgend bleiben.

16 der griechische Text sieht ganz so aus
17 vorankommt

Darum ist das Buch uns Christen auch nützlich und gut zu lesen, als eines feinen hebräischen Poeten, der keine leichtfertige, sondern die rechten Sachen handelt und über die Maßen christlich treibt und beschreibt. Und auf solch Buch gehört[18] billig Jesus Sirach, weil der ein rechter Lehrer und Tröster ist des gemeinen Mannes und Hausvaters in allen Sachen, und Tobias eben solches Buchs ein Exempel.

Vorrede auf das Buch Jesu Sirach

1533

Dies Buch ist bisher genannt im Latein Ecclesiasticus, welches sie haben verdeutscht: die geistliche Zucht, und ist sehr viel getrieben und gebraucht in der Kirche mit Lesen, Singen und Predigen, aber mit wenigem Verstand und Nutz; außer daß es hat müssen der Geistlichen Stand und Kirchengepränge rühmen[19]. Sonst heißt sein rechter Name Jesus Sirach, nach seinem Meister[20], wie seine eigene Vorrede und das Griechische angibt, wie auch Mose, Josua, Jesaja und aller Propheten Bücher nach ihren Meistern heißen, und ist von den alten Vätern nicht in der Zahl der heiligen Schrift, sondern für sonst ein gut fein Buch eines weisen Mannes gehalten, dabei wir's auch lassen bleiben.

Es dünkt uns aber, weil er selbst in der Vorrede bekennet, er sei zu des Königs Euergetes Zeiten nach Ägypten gekommen und habe daselbst dies Buch vollendet (welches sein Großvater hatte zuvor angefangen), daß er habe aus vielen Büchern zusammengelesen das Beste, was er gefun-

---

18 folgt
19 Anspielung auf die vielen Sirachtexte in der Liturgie für die Feste heiliger Kirchenmänner
20 Verfasser

den hat; sonderlich, weil in Ägypten eine köstliche Büche-
rei war, durch Euergetes' Vater, den König Philadelphus,
zugerichtet, daß zu der Zeit Bücher und gelehrte Leute in
großen Ehren waren und aus allen Landen als in eine große
hohe Schule zuschlugen[21], sonderlich aus Griechenland,
dazu auch die Juden einen Tempel daselbst baueten und
Gottesdienst aufrichteten.

Solches zeigt auch an, daß in diesem Buch nicht ordentlich ein Stück auf das andere verfasset, wie eines Meisters
Werk, sondern aus mancherlei Meistern und Büchern
gezogen und durch einander gemenget, wie eine Biene aus
mancherlei Blumen ihr Säftlein sauget und ineinander
menget. Und scheinet, daß dieser Jesus Sirach sei gewesen
aus dem königlichen Stamm Davids und ein Neffe oder
Enkel des Amos Sirach, welcher der oberste Fürst gewesen
ist im Hause Juda, wie man aus Philo kann entnehmen, um
zweihundert Jahre vor Christi Geburt, ungefähr zu der
Makkabäer Zeit.

Es ist ein nützlich Buch für den gemeinen Mann; denn
auch all sein Fleiß ist, daß er einen Bürger oder Hausvater
gottesfürchtig, fromm und klug mache, wie er sich gegen
Gott, Gottes Wort, Priester, Eltern, Weib, Kinder, eigenen Leib, Knechte, Güter, Nachbarn, Freunde, Feinde,
Oberkeit und jedermann verhalten soll; sodaß man's wohl
könnte nennen ein Buch von der Hauszucht oder von den
Tugenden eines frommen Hausherrn, welches auch die
rechte geistliche Zucht ist und heißen sollte.

Was uns aber für Arbeit gestanden[22] hat, dies Buch zu
verdeutschen, wer das zu wissen begehrt, der mag unser
Deutsch gegen alle anderen Exemplare[23] halten, griechi-

21 sich einfanden
22 gekostet
23 Übersetzungen

scher, lateinischer und deutscher Sprache, sie seien alt oder
neu, so soll das Werk den Meistern wohl Zeugnis geben. Es
sind so viele Klüglinge in allen Sprachen über dies Buch
kommen, daß nicht Wunder wäre, weil ohnehin alle Dinge
drinnen von seinem Anfang an nicht in der Ordnung
verfasset gewesen sind, wenn es ganz und gar unkenntlich,
unverständlich und aller Dinge untüchtig geworden wäre.
Wir haben's aber wie einen zerrissenen, zertretenen und
zerstreuten Brief wieder zusammengelesen und den Kot
abgewischt und so weit gebracht, als ein jeglicher wohl
gehen wird; Gott sei Lob und Dank, Amen. Christen
werden uns hierin nicht schelten; die Welt aber wird, wie
sie bisher getan, ihrer Tugend nach uns wohl wissen dafür
zu danken[24].

Vorrede auf das Buch Baruch

1534

Sehr gering ist dies Buch, wer auch der gute Baruch ist.
Denn es ist nicht glaublich, daß S. Jeremias Diener, der
auch Baruch heißt[25] (dem auch diese Epistel zugemessen
wird), nicht sollte höher und reicher im Geist sein, als dieser
Baruch ist. Dazu trifft die Zahl der Jahre mit den Historien
nicht überein, sodaß ich beinahe ihn hätte mit dem dritten
und vierten Buch Esra lassen hinstreichen[26]. Denn dieselben zwei Bücher Esra haben wir schlechterdings nicht
wollen verdeutschen, weil so gar nichts drinnen ist, was
man nicht viel besser im Äsop oder noch geringern Bü-

24 ihren Dank auf ihre Weise abstatten (d. h. nur die Fehler sehen oder uns der
Fälschung bezichtigen)
25 Jer. 32; 36; 43; 45
26 hingehen

chern kann finden; zu schweigen, daß im vierten Buch dazu
eitel Träume sind, wie Hieronymus fürwahr selbst sagt,
und Lyra[27] nicht hat wollen auslegen; dazu sie im Griechischen nicht gefunden werden. Es soll und mag sie sonst
verdolmetschen, wer da will, doch in dieser Bücher Zahl
nicht mengen. Baruch lassen wir mitlaufen unter diesem
Haufen, weil er wider die Abgötterei so hart schreibet und
Moses Gesetz vorhält.

Vorrede auf das erste Buch der Makkabäer

1533

Dies Buch ist auch derer eins, die man nicht in die
hebräische Bibel zählet, wiewohl es ganz die gleiche Weise
hält mit Reden und Worten wie andere Bücher der heiligen
Schrift und nicht unwürdig gewesen wäre hinein zu rechnen, weil es ein sehr nötig und nützlich Buch ist, zu
verstehen den Propheten Daniel im 11. Kapitel. Denn
dasjenige, was Daniel weissaget im genannten Kapitel von
dem Greuel und Unglück des Volkes Israel, das zukünftig
sein sollte, desselben Erfüllung beschreibt dies Buch, nämlich Antiochum den Edlen[28], und, wie Daniel spricht, die
kleine Hilfe und große Verfolgung von den Heiden und
falschen Juden, die zur Zeit der Makkabäer geschehen ist.
Derhalben es uns Christen auch nützlich ist zu lesen und zu
wissen.

Erstlich, weil derselbe Antiochus für eine Figur oder Bild
des Antichristen gehalten wird, der solche Greuel und
Zerstörung des Gottesdienstes zu Jerusalem und im jüdischen Lande nicht fern vor Christi Geburt und erster

27 Nikolaus von Lyra († 1349), berühmter mittelalterlicher Bibelausleger
28 Epiphanes

Ankunft angerichtet hat, lernen wir draus den rechten Antichrist erkennen, der vor der zweiten und letzten Ankunft Christi die Christenheit auch verwüsten und den Gottesdienst zerstören sollte; auf daß wir nicht erschrecken sollen, wenn wir es also erfahren und vor unsern Augen sehen, sondern den Trost empfangen und festhalten, daß wir samt der Christenheit dennoch erhalten und endlich errettet werden müssen, es sei das Wüten, wie groß es wolle, und der Teufel so zornig, wie er immer kann.

Denn wir sehen ja auch dieselbe Hilfe, wiewohl klein und gering, die uns Gott der Allmächtige angefangen hat zu erzeigen. Und das liebe heilige Evangelium ist das Schwert, womit die Seinen den jetzigen Antichrist dennoch gar redlich angreifen und etwas schaffen, wiewohl es viel Blutvergießen und Leidens kostet. Gleichwie er durch das Schwert der Makkabäer auch seinem Volk zu der Zeit half, wiewohl es nicht ohne Verfolgung und großes Herzleid zuging, dennoch reinigeten sie den Tempel und richteten den Gottesdienst wieder an und brachten das Völklein wiederum zusammen in das vorige Regiment. Gleichwie jetzt das Evangelium die Abgötterei ausfeget, und, wie Christus spricht, daß seine Engel werden alle Ärgernisse aufräumen aus seinem Reiche (Matth. 13, 41), und sammlet die rechten Christen wiederum zusammen in den alten rechten christlichen Glauben und zu rechtschaffenen guten Werken und Gottesdienst.

Zum andern, daß wir uns auch des trösten, daß er jenen hilft, nicht allein wider den Antiochus und die Heiden, sondern auch wider die Verräter und abtrünnigen Juden, die sich zu den Heiden schlugen und halfen ihr eigen Volk, ihre Brüder, verfolgen, töten und [ihnen] alles Herzeleid antun[29]: daß wir gewiß sollen sein und unerschrocken

29 zufügen

bleiben, wenn die falschen Christen und Rottengeister, die nun auch unsere Verräter worden sind, wider uns sich legen, und wohl eben so sehr, wo nicht mehr, uns plagen und Schaden tun, als unser Antiochus oder Antichrist. Denn es hat Daniel also gesagt und uns zum Trost verkündiget, es müßte also gehen und geschehen, daß die Kinder unseres Volkes verräterisch an uns handeln würden und getrost[30] verfolgen helfen. Darum werden wir es nicht viel besser haben, als es jene frommen Kinder Israel gehabt haben unter ihrem Antiochus oder Antichrist, bei ihren falschen Brüdern.

Zuletzt aber werden gleichwohl dieselben Feinde und Verräter durch Gott gar weidlich gestraft, und bleibt ihre Tyrannei und Verräterei nicht ungerächt, sodaß wir mit fröhlichen Augen und gutem Mut auch unsere Antichristen, Tyrannen und Rottengeister können ansehen und ihren Trotz[31] ausstehen, weil wir gewiß sind, sie sollen es nicht lange treiben, viel weniger dahin bringen, wohin sie gedenken, sondern (wie der Antiochus und jene Verräter) ihren verdieneten Lohn gar balde empfangen; wie denn bereits an solcher Strafe ein gut Teil angegangen ist und täglich sich mehret, wiewohl sie verstockt und verblendet sich nicht daran kehren. Da liegt uns auch nicht Macht an[32]: sie wollen es erfahren, wie jene getan haben. Das gebe Gott, der Allmächtige, weil sie ja nicht anders wollen, daß es eilend und bald geschehe, zu heiligen seinen Namen und zu fördern sein Reich und zu trösten alle betrübte und gefangene Herzen in des Teufels und Antichrists Reich. Amen.

30 dreist, bedenkenlos
31 Hoffart
32 darauf kommt es uns nicht an

1534

Dies heißt und soll sein das zweite Buch der Makkabäer, wie der Titel anzeiget. Aber das kann nicht recht sein, weil es etliche Geschichten meldet, die vor des ersten Buchs Geschichten geschehen sind, und nicht weiter kommt als bis auf den Judas Makkabäus, das ist, bis in das siebente Kapitel des ersten Buches, so daß es billiger das erste als das zweite sollte heißen. Man wollte es denn heißen *ein* zweites Buch, und nicht *das* zweite Buch der Makkabäer. Aber wir lassen's so mit hingehen um der schönen Geschichte willen der sieben Märtyrer der Makkabäer und ihrer Mutter und anderer Stücke mehr. Es siehet aber aus, als sei es nicht ein Meister gewesen, sondern zusammengeflickt aus vielen Büchern. Hat auch einen harten Knoten im vierzehnten Kapitel an dem Rasias, der sich selbst erwürgete, welches auch S. Augustinus und die alten Väter anficht. Denn solch Exempel taugt nicht und ist nicht zu loben, ob's gleich geduldet und wohl ausgelegt mag werden. So beschreibt's auch den Tod des Antiochus im ersten Kapitel ganz anders, als das erste Buch tut. Summa: So billig das erste Buch sollte in die Zahl der heiligen Schrift genommen sein, so billig ist dies andere Buch herausgeworfen, obwohl etwas Gutes darinnen stehet. Es sei aber alles dem frommen Leser empfohlen und heimgestellet zu urteilen und zu erkennen.

Vorrede auf die Stücke zu Esther und Daniel

1534

Hier folgen etliche Stücke, die wir im Propheten Daniel und im Buch Esther nicht haben wollen verdeutschen.

Denn wir haben solche Kornblumen (weil sie im hebräischen Daniel und Esther nicht stehen) ausgerauft; und doch, daß sie nicht verdürben, hier in sonderliche Würzgärtlein oder Beete gesetzt, weil dennoch Gutes und sonderlich der Lobgesang Benedicite[33] drinnen funden wird. Aber der Text Susannae, des Bel, Habakuks und Drachens siehet auch schönen geistlichen Gedichten gleich, wie Judith und Tobias; denn die Namen lauten auch dazu. So heißt Susanna eine Rose, das ist, ein schön, fromm Land und Volk, oder armer Haufe unter den Dornen. Daniel heißt ein Richter, und so fortan. Ist alles leichtlich zu deuten auf eine Polizei, Ökonomie[34] oder frommen Haufen der Gläubigen; es sei um die Geschichte, wie es kann[35].

33 der Gesang der drei Männer im Feuerofen, Zusatz zu·Dan. 3 (27ff.)
34 Staat (Politeia), Wirtschaft
35 der geschichtliche Tatbestand sei, wie er wolle

VORREDEN
ZUM
NEUEN TESTAMENT

Vorrede auf das Neue Testament

1522

Es wäre wohl recht und billig, daß dies Buch ohne alle Vorrede und fremden Namen ausginge und nur sein selbst eigenen Namen und Rede führete. Aber dieweil durch manche wilde Deutung und Vorrede der Christen Sinn dahin vertrieben ist, daß man schier nicht mehr weiß, was Evangelium oder Gesetz, Neu oder Alt Testament heiße, fordert die Notdurft, eine Anzeige und Vorrede zu stellen, damit der einfältige Mann aus seinem alten Wahn auf die recht Bahn geführet und unterrichtet werde, wes er in diesem Buch gewarten solle, auf daß er nicht Gebot und Gesetz suche, wo er Evangelium und Verheißung Gottes suchen sollte.

Darum ist aufs erste zu wissen, daß abzutun ist der Wahn, daß vier Evangelia und nur vier Evangelisten sind, und ganz zu verwerfen, daß etliche des Neuen Testaments Bücher teilen in legales, historiales, prophetales und sapientiales[1]; vermeinen damit (weiß nicht wie), das Neue dem Alten Testament zu vergleichen. Sondern es ist festiglich zu halten, daß[2], gleichwie das Alte Testament ist ein Buch, darinnen Gottes Gesetz und Gebot, daneben die Geschichten derer, die dieselbigen gehalten und nicht gehalten haben, geschrieben sind, also ist das Neue Testament ein Buch, darinnen das Evangelium und Gottes Verheißung,

---

1 Gesetzes-, Geschichts-, Propheten- und Weisheitsbücher
2 Der Text bis hier fehlt in der Gesamtbibel seit 1534.

daneben auch Geschichten derer, die daran glauben und nicht glauben, geschrieben sind. Also, daß man gewiß sei, daß nur *ein* Evangelium sei; gleichwie nur *ein* Buch des Neuen Testaments und nur *ein* Glaube und nur *ein* Gott, der da verheißet.

Denn Euangelion ist ein griechisch Wort und heißt auf Deutsch gute Botschaft, gute Märe, gute neue Zeitung[3], gut Geschrei, davon man singet, saget und fröhlich ist: gleich als[4], da David den großen Goliath überwand, kam ein gut Geschrei und tröstliche neue Zeitung unter das jüdische Volk, daß ihr greulicher Feind erschlagen und sie erlöset, zu Freude und Friede gestellet wären, davon sie sungen und sprungen und fröhlich waren. Also ist dies Evangelium Gottes und Neue Testament eine gute Märe und Geschrei, in alle Welt erschollen durch die Apostel, von einem rechten David, der mit der Sünde, Tod und Teufel gestritten und überwunden habe, und damit alle die, welche in Sünden gefangen, mit dem Tode geplagt, vom Teufel überwältiget gewesen, ohne ihr Verdienst erlöset, gerecht, lebendig und selig gemacht hat, und damit zu Frieden gestellet[5], und Gott wieder heimgebracht. Davon sie singen, danken, Gott loben und fröhlich sind ewiglich, wenn sie das fest glauben und im Glauben beständig bleiben.

Solch Geschrei und tröstliche Märe oder evangelische und göttliche neue Zeitung heißt auch ein neu Testament, darum, daß, gleichwie ein Testament ist, wenn ein sterbender Mann sein Gut bescheidet[6] nach seinem Tode den benannten Erben auszuteilen:[7] also hat auch Christus vor seinem Sterben befohlen und beschieden, solches Evange-

3 Nachricht
4 zum Beispiel
5 gebracht
6 bestimmt
7 anführen

lium nach seinem Tode auszurufen in alle Welt, und damit allen, die da glauben, zu eigen gegeben alles sein Gut, das ist, sein Leben, womit er den Tod verschlungen, seine Gerechtigkeit, womit er die Sünde vertilget, und seine Seligkeit, womit er die ewige Verdammnis überwunden hat. Nun kann ja der arme Mensch, in Sünden tot und zur Hölle verstrickt, nichts Tröstlicheres hören, als solche teure, liebliche Botschaft von Christo, und muß sein Herz von Grunde lachen und fröhlich darüber werden, wo er's glaubt, daß es wahr sei.

Nun hat Gott, solchen Glauben zu stärken, dieses sein Evangelium und Testament vielfältig im Alten Testament durch die Propheten verheißen, wie S. Paulus sagt Röm. 1 (1): »Ich bin ausgesondert zu predigen das Evangelium Gottes, welches er zuvor verheißen hat durch seine Propheten in der heiligen Schrift, von seinem Sohn, der ihm geboren ist von dem Samen Davids.« Und daß wir deren etliche anführen, hat er's am ersten verheißen, wo er sagt zu der Schlange 1. Mos. 3 (15): »Ich will Feindschaft setzen zwischen dir und dem Weibe, zwischen deinem Samen und ihrem Samen; derselbe soll dir den Kopf zertreten, und du wirst ihn in die Ferse stechen.« Christus ist der Same dieses Weibes, der dem Teufel seinen Kopf, das ist Sünde, Tod, Hölle und alle seine Kraft, zertreten hat. Denn ohne diesen Samen kann kein Mensch der Sünde, dem Tode, noch der Hölle entrinnen.

Item[8] 1. Mos. 22 (18) verhieß er's Abraham: »Durch deinen Samen sollen alle Völker auf Erden gesegnet werden.« Christus ist der Same Abrahams, spricht S. Paulus Gal. 3 (16), der hat alle Welt gesegnet durchs Evangelium. Denn wo Christus nicht ist, da ist noch der Fluch, der über Adam und seine Kinder fiel, als er gesündigt hatte, daß sie

8 ebenso

169

allzumal der Sünde, des Tods und der Hölle schuldig und eigen sein müssen. Wider den Fluch segnet nun das Evangelium alle Welt damit, daß es ruft öffentlich: Wer an diesen Samen Abrahams glaubet, soll gesegnet sein, das ist von Sünden, Tod und Hölle los sein, und gerecht, lebendig und selig bleiben ewiglich; wie Christus selbst sagt Johann. 11 (26): »Wer an mich glaubet, der wird nimmermehr sterben.« Item, so verhieß er's David 2. Sam. 7 (12 ff.) da er saget: »Ich will erwecken deinen Samen nach dir, der soll meinem Namen ein Haus bauen, und ich will den Stuhl seines Königreichs bestätigen ewiglich; ich will sein Vater sein, und er soll mein Sohn sein« etc. Das ist das Reich Christi, davon das Evangelium heißt ein ewiges Reich, ein Reich des Lebens, der Seligkeit und Gerechtigkeit; darein kommen aus dem Gefängnis der Sünde und des Todes alle, die da glauben. Solcher Verheißungen des Evangelii sind viel mehr auch in den andern Propheten, etwa Micha 5 (1): »Und du Bethlehem Ephrata, die du klein bis unter den Tausenden in Juda, aus dir soll mir kommen, der in Israel Herr sei.« Item Hosea 13 (14): »Ich will sie erlösen aus der Hölle und vom Tode erretten; Tod, ich will dir ein Gift sein, Hölle, ich will dir eine Pestilenz sein.«

So sehen wir nun, daß nur *ein* Evangelium ist gleichwie nur *ein* Christus. Sintemal Evangelium nichts anderes ist noch sein kann als eine Predigt von Christo, Gottes und Davids Sohn, wahrem Gott und Menschen, der für uns mit seinem Sterben und Auferstehen aller Menschen Sünde, Tod und Hölle überwunden hat, die an ihn glauben. Daß also das Evangelium eine kurze und lange Rede mag sein, und einer es kurz, der andere lang beschreiben mag. Der beschreibt's lang, der viel Werke und Worte Christi beschreibt, wie die vier Evangelisten tun. Der beschreibt's aber kurz, der nicht von Christi Werken, sondern kürzlich anzeiget, wie er durch sein Sterben und Auferstehen Sünde

Tod und Hölle überwunden habe denen, die an ihn glauben, wie S. Petrus und S. Paulus.

Darum siehe nur drauf, daß du nicht aus Christo einen Mose machest, noch aus dem Evangelio ein Gesetz oder Lehrbuch, wie bisher geschehen ist, und etliche Vorreden, auch S. Hieronymi, sich hören lassen. Denn das Evangelium fordert eigentlich[9] nicht unser Werk, daß wir damit fromm und selig werden, ja, es verdammt solche Werke. Sondern es fordert nur Glauben an Christum, daß derselbige für uns Sünde, Tod und Hölle überwunden hat, und also uns nicht durch unser Werk, sondern durch sein eigen Werk, Sterben und Leiden fromm, lebendig und selig macht, daß wir uns seines Sterbens und Siegs mögen annehmen[10], als hätten wir's selber getan.

Daß aber Christus im Evangelio, dazu S. Petrus und S. Paulus viel Gebot und Lehre geben und das Gesetz auslegen, soll man gleich rechnen allen andern Werken und Wohltaten Christi. Und gleichwie seine Werke und Geschichte wissen ist noch nicht das rechte Evangelium wissen: denn damit weißt du noch nicht, daß er die Sünde, Tod und Teufel überwunden hat, so ist auch das noch nicht das Evangelium wissen, wenn du solche Lehre und Gebot weißt, sondern wenn die Stimme kommt, die da sagt, Christus sei dein eigen mit Leben, Lehren, Werken, Sterben, Auferstehen, und alles, was er ist, hat, tut und vermag.

Also sehen wir auch, daß er nicht dringet, sondern freundlich locket und spricht: »Selig sind die Armen« etc. (Matth. 5, 3). Und die Apostel brauchen des Worts: Ich ermahne, ich flehe, ich bitte. Daß man allenthalben siehet, wie das Evangelium nicht ein Gesetzbuch ist, sondern nur eine Predigt von den Wohltaten Christi, uns erzeiget und zu

9 eigens, ausdrücklich
10 aneignen

eigen gegeben, wenn wir glauben. Mose aber in seinen Büchern treibt, dringt, dräuet, schlägt und straft greulich; denn er ist ein Gesetzschreiber und -treiber.

Daher kommt's auch, daß einem Gläubigen kein Gesetz gegeben ist, durch das er gerecht werde vor Gott, wie S. Paulus sagt 1. Timoth. 1 (9); darum, daß er durch den Glauben gerecht, lebendig und selig ist. Und ist ihm nicht mehr not, als daß er solchen Glauben mit Werken erweise. Ja, wo der Glaube ist, kann er sich nicht halten; er erweist sich, bricht heraus durch gute Werke, bekennet und lehret solch Evangelium vor den Leuten und waget sein Leben dran. Und alles, was er lebet und tut, das richtet er zu des Nächsten Nutz, ihm zu helfen, nicht alleine auch zu solcher Gnade zu kommen, sondern auch mit Leib, Gut und Ehre, wie er siehet, daß ihm Christus getan hat; und folget also dem Exempel Christi nach.

Das meinet auch Christus, da er zur Letze[11] kein ander Gebot gab als die Liebe, daran man erkennen sollte, wer seine Jünger wären und rechtschaffene Gläubigen. Denn wo die Werke und Liebe nicht herausbricht, da ist der Glaube nicht recht, da haftet das Evangelium noch nicht, und ist Christus nicht recht erkannt. Siehe, nun richte dich also in die Bücher des Neuen Testaments, daß du sie auf diese Weise zu lesen wissest.

11 zum Abschied

Welches die rechten und edelsten Bücher des Neuen Testaments sind[12]

1522

Aus diesem allen kannst du nun recht urteilen unter allen Büchern und Unterschied nehmen, welches die besten sind. Denn nämlich ist Johannis Evangelium und Sankt Paulus Episteln, sonderlich die zu den Römern, und Sankt Peters erste Epistel der rechte Kern und Mark unter allen Büchern; welche auch billig die ersten sein sollten, und einem jeglichen Christen zu raten wäre, daß er dieselbigen am ersten und allermeisten lese und sich durch täglich Lesen so gemein machte wie das tägliche Brot. Denn in diesen findest du nicht viel Werke und Wundertaten Christi beschrieben. Du findest aber gar meisterlich ausgestrichen[13], wie der Glaube an Christus Sünde, Tod und Hölle überwindet und das Leben, Gerechtigkeit und Seligkeit gibt, welches die rechte Art ist des Evangelii, wie du gehöret hast.

Denn wo ich je der eins mangeln sollte, der Werke oder der Predigt Christi, so wollt ich lieber der Werke als seiner Predigt mangeln. Denn die Werke hülfen mir nichts; aber seine Worte, die geben das Leben, wie er selbst sagt (Joh. 6, 63. 8, 51). Weil nun Johannes gar wenig Werke von Christo, aber gar viel von seiner Predigt schreibt, wiederum die andern drei Evangelisten viel seiner Werke, wenig seiner Worte beschreiben, ist Johannis Evangelium das eine, zarte, rechte Hauptevangelium und den andern dreien weit, weit vorzuziehen und höher zu heben. Also auch Sankt Paulus und Petrus Episteln weit über die drei Evangelia Matthaei, Marci und Lucae vorgehen.

---

12 Dieser Abschnitt fehlt seit den Ausgaben der Bibel von 1534 und den Sonderausgaben des Neuen Testaments von 1539.
13 dargelegt

Summa, Sankt Johannis Evangelium und seine erste Epistel, Sankt Paulus Episteln, sonderlich die zu den Römern, Galatern, Ephesern, und Sankt Peters erste Epistel, das sind die Bücher, die dir Christus zeigen und alles lehren, was dir zu wissen not und selig ist, obschon du kein ander Buch noch Lehre nimmer sehest noch hörest. Darum ist Sankt Jakobs Epistel eine recht stroherne Epistel gegen sie, denn sie doch keine evangelische Art an sich hat. Doch davon weiter in anderen Vorreden.

Vorrede auf der Apostel Geschichte

1533

Dies Buch soll man lesen und ansehen, nicht wie wir etwas[14] getan haben, als hätte S. Lukas darin allein die eigenen persönlichen Werke oder Geschichten der Apostel geschrieben, zum Exempel guter Werke oder guten Lebens; wie S. Augustin und viel andere dies für das beste Exempel drinnen angesehen haben, daß die Apostel haben mit den Christen alle Güter gemein gehabt etc., welches doch nicht lange währte und zeitlich aufhören mußte. Sondern darauf soll man merken, daß S. Lukas mit diesem Buch die ganze Christenheit lehret bis an der Welt Ende das rechte Hauptstück christlicher Lehre, nämlich, wie wir alle müssen gerecht werden allein durch den Glauben an Jesum Christum, ohn alles Zutun des Gesetzes oder Hilfe unserer Werke.

Solches Stück ist seine vornehmste Meinung und Ursache, dieses Buch zu schreiben. Darum treibt er auch so gewaltiglich nicht allein die Predigt der Apostel vom

14 manchmal

Glauben an Christum, wie beide, Heiden und Juden, dadurch haben müssen gerecht werden ohne alles Verdienst und Werk, sondern auch die Exempel und Geschichten solcher Lehre: wie die Heiden sowohl als die Juden allein durchs Evangelium, ohne Gesetz, sind gerecht worden, und wie S. Petrus zeuget im 10. (28) und 15. (9) Kapitel, daß Gott in solchem Stücke keinen Unterschied gehalten habe unter Juden und Heiden. Sondern gleichwie er den Heiden, die ohne Gesetz lebeten, den heiligen Geist gab durchs Evangelium, so habe er denselben auch den Juden durchs Evangelium und nicht durchs Gesetz oder um ihrer Werke und Verdienste willen gegeben. Setzt also in diesem Buch beieinander beides, die Lehre vom Glauben und auch die Exempel des Glaubens.

Darum dies Buch wohl könnte heißen eine Glosse[15] über die Episteln S. Pauli. Denn was S. Paulus lehret und treibet mit Worten und Sprüchen aus der Schrift, das zeiget hier S. Lukas an und beweiset es mit Exempeln und Geschichten, daß es also ergangen sei und also ergehen müsse, wie S. Paulus lehret, nämlich, daß kein Gesetz, kein Werk die Menschen gerecht mache, sondern allein der Glaube an Christum. Und findest hier in diesem Buch einen schönen Spiegel, darin du sehen magst, daß es wahr sei: Sola fides iustificat, allein der Glaube macht gerecht. Denn da sind des Stückes alle Exempel und Geschichten drinnen gewisse und tröstliche Zeugen, die dir nicht lügen noch fehlen[16].

Denn da siehe an, wie S. Paulus selbst ist bekehret; item, wie der Heide Cornelius wird bekehret durch S. Peters Wort, wie der Engel ihm zuvor sagete, Petrus würde ihm predigen, wodurch er sollte selig werden; item, der Landvogt Sergius und alle Städte, da S. Paulus und Barnabas predigten. Siehe an das erste Concilium der Apostel zu

15 Auslegung
16 täuschen

Jerusalem im 15. Kapitel, siehe an alle Predigten S. Petri, Pauli, Stephani und Philippi, so wirst du finden, daß es alles dahin gehet, daß wir allein durch den Glauben an Christus, ohne Gesetz und Werke müssen zur Gnade kommen und gerecht werden. Und man kann mit diesem Buch nach dieser Weise den Widersachern das Maul gar meisterlich und gewaltiglich stopfen, welche uns aufs Gesetz und unsere Werke weisen und ihren törichten Unverstand offenbaren vor aller Welt.

Darum spricht auch Lukas, daß solche Exempel des Glaubens auch die frommen Juden (die gläubig worden waren) sehr bestürzt machten, und die andern ungläubigen Juden toll und töricht drüber wurden. Welches doch kein Wunder war, weil sie im Gesetz auferzogen und desselbigen von Abraham her gewohnet waren, und verdrießlich sein mußte, daß die Heiden, die ohne Gesetz und Gott waren, sollten ihnen gleich sein in der Gnade Gottes.

Aber daß unsere Leute, die wir alle Heiden sind, solchen Artikel so lästern und verfolgen, das ist zehnmal ärger: da wir doch hier sehen und nicht leugnen können, daß Gottes Gnade und Christi Erkenntnis auf unsere Vorfahren kommen sei ohne Gesetz und Verdienst, ja in greulichen Abgöttereien und Lastern. Aber sie werden auch ebenso viel mit ihrem Lästern und Verfolgen dran gewinnen, wie die Juden mit ihrem Wüten und Toben daran gewonnen haben. Denn der zuvor den Juden solches gedräuet hatte und durch Mose lassen singen: »Ich will euch erzürnen über dem, das nicht mein Volk ist, und über einem unwissenden Volk euch toll machen«, (5. M. 32, 21), und Hosea im 2. Kapitel (23): »Ich will mein Volk nennen, was nicht mein Volk ist« (das ist, das ohne Gesetz und Werke lebet), und hat's ihnen gehalten: eben derselbige dräuet solches auch unsern Lästerern; und (wie er schon wohl angefangen) wird er's ihnen gewißlich halten. Das glauben sie aber nicht, bis sie es wie die Juden erfahren. Amen.

Vorrede auf die Epistel S. Pauli an die Römer

1522

Diese Epistel ist das rechte Hauptstück des Neuen Testaments und das allerlauterste Evangelium, welche wohl würdig und wert ist, daß sie ein Christenmensch nicht allein von Wort zu Wort auswendig wisse, sondern täglich damit umgehe als mit täglichem Brot der Seele. Denn sie nimmer kann zu viel und zu wohl gelesen oder betrachtet werden, und je mehr sie gehandelt[17] wird, je köstlicher sie wird und besser schmeckt. Darum ich auch meinen Dienst dazu tun will und durch diese Vorrede einen Eingang dazu bereiten, so viel mir Gott verliehen hat, damit sie desto besser von jedermann verstanden werde. Denn sie ist bisher mit Glossen[18] und mancherlei Geschwätz übel verfinstert, die doch von sich selbst ein helles Licht ist, fast genugsam, die ganze Schrift zu erleuchten.

Aufs erste müssen wir der Sprache kundig werden und wissen, was S. Paulus meinet durch diese Worte: Gesetz, Sünde, Gnade, Glaube, Gerechtigkeit, Fleisch, Geist und dergleichen; sonst ist kein Lesen nütz daran.

Das Wörtlein *Gesetz* mußt du hier nicht verstehen menschlicher Weise, daß es eine Lehre sei, was für Werke zu tun oder zu lassen sind; wie es mit Menschengesetzen zugehet, wo man dem Gesetz mit Werken genug tut, ob's Herz schon nicht da ist. Gott richtet nach des Herzens Grund. Darum fordert auch sein Gesetz des Herzens Grund

17 je mehr man damit umgeht
18 Deutungen

und lässet sich an Werken nicht genügen, sondern straft vielmehr die Werke, ohne Herzens Grund getan, als Heuchelei und Lügen. Daher alle Menschen Lügner heißen, Ps. 116 (11), darum, daß keiner aus Herzensgrund Gottes Gesetz hält noch halten kann. Denn jedermann findet bei sich selbst Unlust zum Guten und Lust zum Bösen. Wo nun nicht ist freie Lust zum Guten, da ist des Herzens Grund nicht am Gesetz Gottes; da ist denn gewißlich auch Sünde und Zorn verdienet bei Gott, obgleich auswendig viel gute Werke und ehrbares Leben scheinen.

Daher schließt Sankt Paulus im zweiten Kapitel, daß die Juden alle Sünder sind, und spricht, daß allein die Täter des Gesetzes gerecht sind bei Gott. Will damit sagen, daß niemand mit Werken des Gesetzes Täter ist, sondern sagt vielmehr zu ihnen also: »Du lehrest, man solle nicht ehebrechen, und du brichst die Ehe« (22); item (1): »Worin du einen andern richtest, darinnen verdammst du dich selbst, weil du eben dasselbige tust, was du richtest.« Als wollte er sagen: Du lebest äußerlich fein in des Gesetzes Werken und richtest, die nicht so leben, und weißt jedermann zu lehren; den Splitter siehest du in der andern Auge, aber des Balkens in deinem Auge wirst du nicht gewahr. Denn obwohl du auswendig das Gesetz mit Werken hältst, aus Furcht der Strafe oder Liebe des Lohns, so tust du doch alles ohne freie Lust und Liebe zum Gesetz, sondern mit Unlust und Zwang; wolltest lieber anders tun, wenn das Gesetz nicht wäre. Daraus denn sich schließt, daß du von Herzensgrund dem Gesetze feind bist. Was ist denn, daß du andere lehrest nicht stehlen, wenn du im Herzen selbst ein Dieb bist und äußerlich gerne wärest, wenn du dich getrautest? Wieviel auch das äußerliche Werk auf die Länge nicht nachbleibt bei solchen Heuchlern. Also lehrest du andere, aber dich selbst nicht; weißt auch selbst nicht, was du lehrest, hast auch das Gesetz noch nie recht verstanden. Ja, dazu mehret das Gesetz die Sünde, wie er saget im 5. Kapitel (20), darum, daß ihm der Mensch nur feinder wird, je mehr es fordert, des er keines kann[19].

Darum spricht er im siebenten Kapitel (14): »Das Gesetz ist geistlich.« Was ist das? Wenn das Gesetz leiblich wäre, so geschähe ihm mit Werken genug. Nun es aber geistlich ist, tut ihm niemand genug, es gehe denn von Herzensgrund alles, was du tust. Aber ein solches Herz gibt niemand als Gottes Geist, der macht den Menschen dem Gesetz gleich, daß er Lust zum Gesetz gewinnet von Herzen und hinfort nicht aus Furcht noch Zwang, sondern aus freiem Herzen alles tut. Also ist das Gesetz geistlich, das mit solchem geistlichen Herzen will geliebet und erfüllet sein, und fordert einen solchen Geist. Wo der nicht im Herzen ist, da bleibt Sünde, Unlust, Feindschaft wider das Gesetz, das doch gut, gerecht und heilig ist.

So gewöhne dich nun der Rede, daß es ein sehr ander Ding ist, des Gesetzes Werke tun und das Gesetz erfüllen. Des Gesetzes Werk ist alles, was der Mensch tut oder tun kann am Gesetz aus seinem freien Willen und eigenen Kräften. Weil aber unter und neben solchen Werken bleibt im Herzen Unlust und Zwang zum Gesetz, sind solche Werke alle verloren und nichts nütze. Das meinet Paulus im 3. Kapitel (20), da er spricht: »Durch Gesetzes Werk wird vor Gott kein Mensch gerecht.« Daher siehest du nun, daß die Schulzänker und Sophisten[20] Verführer sind, wenn sie lehren mit Werken sich zur Gnade bereiten. Wie kann sich mit Werken zum Guten bereiten, wer kein gut Werk ohne Unlust und Unwillen im Herzen tut? Wie soll das Werk Gott gelüsten[21], das aus unlustigem und widerwilligem Herzen gehet? Aber das Gesetz erfüllen, ist: mit Lust und

19 wovon er nichts tun kann
20 Scholastiker
21 gefallen

Liebe seine Werke tun, und frei ohne des Gesetzes Zwang göttlich und wohl[22] leben, als wäre kein Gesetz oder Strafe. Solche Lust aber freier Liebe gibt der heilige Geist ins Herz, wie er spricht im 5. Kapitel (5). Der Geist aber wird nicht anders als allein in, mit und durch den Glauben an Jesum Christ gegeben, wie er in der Vorrede saget. So kommt der Glaube nicht, außer allein durch Gottes Wort oder Evangelium, das Christum predigt, wie er ist Gottes Sohn und Mensch, gestorben und auferstanden um unsertwillen, wie er im 3., 4. und 10. Kapitel sagt (3, 25. 4, 25. 10, 9).

Daher kommt's, daß allein der Glaube gerecht macht und das Gesetz erfüllet, denn er bringet den Geist aus Christi Verdienst. Der Geist aber machet ein lustig und frei Herz, wie das Gesetz fordert, so gehen denn die guten Werke aus dem Glauben selber. Das meinet er, nachdem er des Gesetzes Werke verworfen hatte, daß es lautet, als wollte er das Gesetz aufheben durch den Glauben. Nein, spricht er, wir richten das Gesetz auf durch den Glauben (3, 31), das ist, wir erfüllen's durch den Glauben.

Sünde heißet in der Schrift nicht allein das äußerliche Werk am Leibe, sondern all das Geschäft, das sich mit reget und weget[23] zu dem äußerlichen Werk, nämlich des Herzens Grund mit allen Kräften. Also, daß das Wörtlein [Sünde] »tun« soll heißen, wenn der Mensch ganz dahinfällt und fähret in die Sünde. Denn es geschieht auch kein äußerlich Werk der Sünde, der Mensch fahre denn ganz mit Leib und Seele hinein. Und sonderlich siehet die Schrift ins Herz und auf die Wurzel und Hauptquelle aller Sünde, welche ist der Unglaube des Herzens. Also, daß, wie der Glaube allein gerecht macht und den Geist und Lust bringet zu guten äußerlichen Werken, so sündigt allein der Unglaube und bringet das Fleisch auf und Lust zu bösen äußer-

22 recht
23 bewegt

lichen Werken, wie Adam und Eva geschah im Paradies, 1. Mose 3.

Daher Christus allein den Unglauben Sünde nennet, wenn er spricht Johann. 16 (8. 9): »Der Geist wird die Welt strafen um die Sünde, daß sie nicht glauben an mich.« Darum auch, ehe denn gute oder böse Werke geschehen als die guten oder bösen Früchte, muß zuvor im Herzen da sein Glaube oder Unglaube als die Wurzel, Saft und Hauptkraft aller Sünde, welches in der Schrift auch darum der Schlangen Kopf und des alten Drachen Haupt heißet, den des Weibes Same, Christus, zertreten muß, wie Adam versprochen ward (1. Mose 3, 15).

Gnade und *Gabe* sind des Unterschieds[24]: daß Gnade eigentlich heißet Gottes Huld oder Gunst, die er zu uns trägt bei sich selbst, aus welcher er geneigt wird, Christum und den Geist mit seinen Gaben in uns zu gießen, wie das aus dem 5. Kapitel (15) klar wird, wo er spricht: »Gnade und Gabe in Christo« etc. Obwohl nun die Gaben und der Geist in uns täglich zunehmen und noch nicht vollkommen sind, daß also noch böse Lüste und Sünde in uns überbleiben, welche wider den Geist streiten, wie er saget Kap. 7 (14) und Gal. 5 (17), und wie 1. Mose 3 versprochen[25] ist der Hader zwischen des Weibes Samen und der Schlangen Samen: so tut doch die Gnade so viel, daß wir ganz und für voll gerecht vor Gott gerechnet werden. Denn seine Gnade teilet und stücket sich nicht, wie die Gaben tun, sondern nimmt uns ganz und gar auf in die Huld, um Christi unsers Fürsprechers und Mittlers willen und darum, daß in uns die Gaben angefangen sind. Also verstehest du denn das 7. Kapitel, da sich S. Paulus noch einen Sünder schilt, und doch im 8. (1) spricht, es sei nichts Verdammliches an denen, die in Christo sind, der unvollkommenen Gaben

24 unterscheiden sich so
25 angekündigt

und des Geistes halben. Um des ungetöteten Fleisches willen sind wir noch Sünder. Aber weil wir an Christum glauben und des Geistes Anfang haben, ist uns Gott so günstig und gnädig, daß er solche Sünde nicht achten noch richten will, sondern nach dem Glauben in Christo mit uns verfahren, bis die Sünde getötet werde.

Glaube ist nicht der menschliche Wahn und Traum, den etliche für Glauben halten. Und wenn sie sehen, daß keine Besserung des Lebens noch gute Werke folgen, und doch vom Glauben viel hören und reden können, fallen sie in den Irrtum und sprechen: der Glaube sei nicht genug, man müsse Werke tun, soll man fromm und selig werden. Das macht[26], wenn sie das Evangelium hören, so fallen sie daher und machen sich aus eigenen Kräften einen Gedanken im Herzen, der spricht: Ich glaube. Das halten sie denn für einen rechten Glauben. Aber wie es ein menschlich Gedicht und Gedanke ist, den des Herzens Grund nimmer erfähret, also tut er auch nichts, und folget keine Besserung hernach.

Aber Glaube ist ein göttlich Werk in uns, das uns wandelt und neu gebiert aus Gott, Joh. 1 (13), und tötet den alten Adam, machet aus uns ganz andere Menschen von Herzen, Mut, Sinn und allen Kräften und bringet den heiligen Geist mit sich. O, es ist ein lebendig, geschäftig, tätig, mächtig Ding um den Glauben, daß es unmöglich ist, daß er nicht ohne Unterlaß sollte Gutes wirken. Er fraget auch nicht, ob gute Werke zu tun sind, sondern ehe man fragt, hat er sie getan und ist immer im Tun. Wer aber nicht solche Werke tut, der ist ein glaubloser Mensch, tappet und siehet um sich nach dem Glauben und guten Werken und weiß weder, was Glaube oder[27] gute Werke sind, wäscht[28] und schwätzt doch viel Worte vom Glauben und guten Werken.

26 daher kommt es
27 noch was
28 faselt

Glaube ist eine lebendige, erwegene[29] Zuversicht auf Gottes Gnade, so gewiß, daß er tausendmal drüber stürbe. Und solche Zuversicht und Erkenntnis göttlicher Gnade macht fröhlich, trotzig[30] und lustig gegen Gott und alle Kreaturen, welches der heilige Geist tut im Glauben. Daher der Mensch ohne Zwang willig und lustig wird, jedermann Gutes zu tun, jedermann zu dienen, allerlei zu leiden, Gott zu Liebe und Lob, der ihm solche Gnade erzeiget hat, also daß es unmöglich ist, Werke vom Glauben zu scheiden, ja so unmöglich, wie Brennen und Leuchten vom Feuer kann geschieden werden. Darum siehe dich vor vor deinen eigenen falschen Gedanken und unnützen Schwätzern, die vom Glauben und guten Werken klug sein wollen zu urteilen, und sind die größten Narren. Bitte Gott, daß er Glauben in dir wirke; sonst bleibest du wohl ewiglich ohne Glauben, du dichtest[31] und tuest, was du willst oder kannst.

Gerechtigkeit ist nun solcher Glaube, und heißet Gottes Gerechtigkeit, oder: die vor Gott gilt, darum, daß es Gottes Gabe ist[32] und macht[33] den Menschen, daß er jedermann gibt, was er schuldig ist. Denn durch den Glauben wird der Mensch ohne Sünde und gewinnet Lust zu Gottes Geboten. Damit gibt er Gott seine Ehre und bezahlet ihm, was er ihm schuldig ist; aber den Menschen dienet er williglich, womit er kann, und bezahlet damit auch jedermann. Solche Gerechtigkeit kann Natur, freier Wille und unsere Kräfte nicht zuwege bringen. Denn wie niemand sich selber kann den Glauben geben, so kann er auch den Unglauben nicht wegnehmen. Wie will er denn eine einzige

29 kühne
30 mutig
31 denkst
32 seit 1533: darum, daß sie Gott gibt und rechnet für Gerechtigkeit um Christi willen unsern Mittler (unseres Mittlers 1546) und macht
33 setzt instand

kleinste Sünde wegnehmen? Darum ist's alles falsch und Heuchelei und Sünde, was außer dem Glauben oder im Unglauben geschieht, es gleiße, wie gut es mag, Röm. 14 (23).

Fleisch und *Geist* mußt du hier nicht also verstehen, daß Fleisch allein sei, was die Unkeuschheit betreffe, und Geist, was das Innerliche im Herzen betreffe. Sondern Fleisch heißet Paulus, wie Christus Joh. 3 (6) alles, was aus Fleisch geboren ist, den ganzen Menschen mit Leib und Seele, mit Vernunft und allen Sinnen, darum, daß alles an ihm nach dem Fleisch trachtet. Also, daß du auch den fleischlich wissest zu heißen, der ohne Gnade von hohen geistlichen Sachen viel dichtet, lehret und schwätzet, wie du das aus den Werken des Fleisches Gal. 5 (20) wohl kannst lernen, da er auch Ketzerei und Haß Fleisches Werk heißet. Und Röm. 8 (3) spricht er, daß durchs Fleisch das Gesetz geschwächt wird, welches nicht von Unkeuschheit, sondern von allen Sünden, allermeist aber vom Unglauben gesagt ist, der das allergeistlichste Laster ist. Wiederum auch, [daß du] den geistlich heißest, der mit den alleräußerlichsten Werken umgehet, wie Christus, als er der Jünger Füße wusch, und Petrus, als er das Schiff führte und fischte. Also, daß Fleisch sei ein Mensch, der inwendig und auswendig lebet und wirket, was zu des Fleisches Nutz und zeitlichem Leben dienet; Geist sei, der inwendig und auswendig lebet und wirket, was zu dem Geist und zukünftigen Leben dienet.

Ohne solchen Verstand dieser Wörter wirst du diese Epistel S. Pauli, noch kein Buch der heiligen Schrift nimmermehr verstehen. Darum hüte dich vor allen Lehrern, die anders diese Worte brauchen, sie seien auch, wer sie wollen, ob's gleich Hieronymus, Augustinus, Ambrosius, Origenes und ihresgleichen und noch höhere wären. Nun wollen wir zur Epistel greifen.

Weil einem evangelischen Prediger gebühret, am ersten durch Offenbarung des Gesetzes und der Sünde alles zu strafen[34] und zu Sünde zu machen, was nicht aus dem Geist und Glauben in Christo gelebet wird, damit die Menschen zu ihrer eigenen Erkenntnis[35] und Jammer geführt werden, daß sie demütig werden und Hilfe begehren: so tut S. Paulus auch; und fängt an im *ersten* Kapitel und straft die grobe Sünde und Unglauben, die öffentlich sind am Tage, wie der Heiden Sünden waren und noch sind, die ohne Gottes Gnade leben. Und spricht, es werde offenbart durchs Evangelium Gottes Zorn vom Himmel über alle Menschen um ihres gottlosen Wesens und Ungerechtigkeit willen. Denn obgleich sie wissen und täglich erkennen, daß ein Gott sei, so ist doch die Natur an sich selbst, außer der Gnade, so böse, daß sie ihm weder dankt noch ihn ehret, sondern verblendet sich selbst und fällt ohne Unterlaß in ärger Wesen, bis daß sie nach Abgöttern auch die schändlichsten Sünden mit allen Lastern wirket, unverschämt, und dazu ungestrafet läßt an den andern.

Im *zweiten* Kapitel streckt er solche Strafe auch weiter auf die, welche äußerlich fromm scheinen, aber heimlich sündigen; wie die Juden waren, und noch alle Heuchler sind, die ohne Lust und Liebe wohl leben und im Herzen Gottes Gesetz feind sind, und doch andere Leute gern verurteilen. Wie aller Gleißner Art ist, daß sie sich selbst rein achten, und doch voll Geizes, Hasses, Hoffart und alles Unflats stecken, Matth. 23 (25). Die sind's eben, die Gottes Gütigkeit verachten und nach ihrer Härtigkeit den Zorn über sich häufen; also, daß S. Paulus, als ein rechter Gesetzerklärer, niemand ohne Sünde bleiben lässet, sondern allen den Zorn Gottes verkündigt, die aus Natur oder freiem Willen wollen leben, und läßt sie nichts besser sein als die öffent-

34 tadeln
35 Erkenntnis ihrer selbst

lichen Sünder; ja er spricht, sie seien Hartmütige und Unbußfertige.

Im *dritten* wirft er sie alle beide in einen Haufen und spricht, einer sei wie der andere, allzumal Sünder vor Gott, nur daß die Juden Gottes Wort gehabt, wiewohl viele nicht dran geglaubt haben; doch damit ist Gottes Glaube und Wahrheit nicht aus. Und führet zufällig[36] ein den Spruch aus dem 51. Psalm (6), daß Gott gerecht bleibet in seinen Worten. Darnach kommt er wieder darauf und beweiset auch durch Schrift, daß sie alle Sünder sind und durch Gesetzes Werk niemand gerecht werde, sondern das Gesetz nur, die Sünde zu erkennen, gegeben sei. Darnach fängt er an und lehret den rechten Weg, wie man müsse fromm und selig werden, und spricht: Sie sind alle Sünder und ohne Ruhm Gottes, müssen aber ohne Verdienst gerecht werden durch den Glauben an Christum, der uns solches verdienet hat durch sein Blut und uns ein Gnadenstuhl worden ist von Gott, der uns alle vorige Sünde vergibt, damit er beweise, daß seine Gerechtigkeit, die er gibt im Glauben, allein uns helfe, die zu der Zeit durchs Evangelium offenbaret und zuvor durchs Gesetz und die Propheten bezeuget ist. Also wird das Gesetz durch den Glauben aufgerichtet, obwohl des Gesetzes Werke damit werden niedergelegt samt ihrem Ruhm.

Im *vierten*, als[37] nun durch die ersten drei Kapitel die Sünde offenbaret und der Weg des Glaubens zur Gerechtigkeit gelehret ist, fängt er an zu begegnen etlichen Einreden und Ansprüchen[38], und nimmt am ersten den vor, den gemeiniglich tun alle, die vom Glauben hören, wie er ohne Werke rechtfertige, und sprechen: Soll man denn nun keine guten Werke tun? Also hält er hier sich selbst vor den

36 obendrein
37 nachdem
38 Einwände

Abraham und spricht: Was hat denn Abraham mit seinen Werken getan; ist's alles umsonst gewesen? Waren seine Werke nichts nütze? Und schließt, daß Abraham ohne alle Werke, allein durch den Glauben gerechtfertigt sei, so ganz, daß er auch vor dem Werk seiner Beschneidung durch die Schrift allein seines Glaubens halben gerecht gepreiset werde, 1. Mose 15 (6). Hat aber das Werk der Beschneidung zu seiner Gerechtigkeit nichts getan, das doch Gott ihm gebot und ein gut Werk des Gehorsams war, so wird gewißlich auch kein ander gut Werk zur Gerechtigkeit etwas tun. Sondern, wie die Beschneidung Abrahams ein äußerlich Zeichen war, damit er seine Gerechtigkeit im Glauben beweisete[39], also sind alle gute Werke nur äußerliche Zeichen, die aus dem Glauben folgen und beweisen als die guten Früchte, daß der Mensch schon vor Gott inwendig gerecht sei.

Damit bestätiget nun S. Paulus, als mit einem kräftigen Exempel aus der Schrift, seine vorige Lehre im dritten Kapitel vom Glauben, und führet dazu noch einen Zeugen an, David aus dem 32. Psalm (1. 2), der auch saget, daß der Mensch ohne Werke gerecht werde, wiewohl er nicht ohne Werke bleibt, wenn er gerecht worden ist. Darnach breitet er das Exempel aus wider alle anderen Werke des Gesetzes und schließt, daß die Juden nicht können Abrahams Erben sein allein des Geblüts halben, viel weniger des Gesetzes Werks halben. Sondern sie müssen Abrahams Glauben erben, wollen sie rechte Erben sein. Sintemal Abraham vor dem Gesetze, des Moses und der Beschneidung, durch den Glauben ist gerecht worden und ein Vater genennet aller Gläubigen. Dazu auch, daß das Gesetz viel mehr Zorn wirke als Gnade, dieweil es niemand mit Liebe und Lust tut, daß viel mehr Ungnade als Gnade durch des Gesetzes

---

39 bekundete

Werk kommt. Darum muß allein der Glaube die Gnade, dem Abraham verheißen, erlangen. Denn auch solche Exempel um unsertwillen geschrieben sind, daß wir auch glauben sollen.

Im *fünften* kommt er auf die Früchte und Werke des Glaubens, als da sind: Friede, Freude, Liebe gegen Gott und jedermann, dazu Sicherheit, Trotz, Freidigkeit[40], Mut und Hoffnung in Trübsal und Leiden. Denn solches alles folget, wo der Glaube recht ist, um des überschwenglichen Gutes willen, das uns Gott in Christo erzeigt, daß er ihn für uns hat sterben lassen, ehe wir ihn darum bitten konnten, ja, als wir noch Feinde waren. Also haben[41] wir denn, daß der Glaube ohne alle Werke rechtfertiget, und doch nicht daraus folget, daß man darum kein gut Werk tun solle, sondern daß die rechtschaffenen Werke nicht ausbleiben, von welchen die Werkheiligen nichts wissen, und dichten sich selbst eigene Werke, in denen weder Friede, Freude, Sicherheit, Liebe, Hoffnung, Trotz noch keines rechten christlichen Werks und Glaubens Art ist.

Darnach tut er einen lustigen[42] Ausbruch und Spaziergang[43] und erzählet, wo beide, Sünde und Gerechtigkeit, Tod und Leben herkommen, und hält die zwei fein gegeneinander, Adam und Christum. Will also sagen: Darum mußte Christus kommen, ein anderer Adam, der seine Gerechtigkeit auf uns erbte durch eine neue geistliche Geburt im Glauben; gleichwie jener Adam auf uns geerbet hat die Sünde durch die alte fleischliche Geburt. Damit wird aber kund und bestätigt, daß sich niemand kann selbst aus Sünden zur Gerechtigkeit mit Werken helfen, so wenig er kann wehren, daß er leiblich geboren wird. Das wird

40 Trotz, Freidigkeit: Zuversicht, Kühnheit
41 sehen
42 erfreuend, spannend
43 Abschweifung

auch damit bewiesen, daß das göttliche Gesetz, das doch billig helfen sollte, wenn etwas helfen sollte zur Gerechtigkeit, nicht allein ohne Hilfe gekommen ist, sondern hat auch[44] die Sünde gemehret, darum, daß die böse Natur ihm desto feinder wird und ihre Lust desto lieber büßen will, je mehr ihr das Gesetz wehret; daß also das Gesetz Christum noch nötiger macht und mehr Gnade fordert, die der Natur helfe.

Im *sechsten* nimmt er das sonderliche Werk des Glaubens vor sich, den Streit des Geistes mit dem Fleisch, vollends zu töten die übrigen Sünden und Lüste, die nach der Gerechtigkeit überbleiben; und lehret uns, daß wir durch den Glauben nicht also befreiet sind von Sünden, daß wir müßig, faul und sicher sein sollten, als wäre keine Sünde mehr da. Es ist Sünde da; aber sie wird nicht zur Verdammnis gerechnet um des Glaubens willen, der mit ihr streitet. Darum haben wir mit uns selbst genug zu schaffen unser Leben lang, daß wir unsern Leib zähmen, seine Lüste töten und seine Gließmaßen zwingen, daß sie dem Geist gehorsam seien und nicht den Lüsten, damit wir dem Tod und Auferstehen Christi gleich seien und unsere Taufe vollbringen, die auch den Tod der Sünde und neues Leben der Gnade bedeutet, bis daß wir ganz rein von Sünde auch leiblich mit Christo auferstehen und ewiglich leben.

Und das können wir tun, spricht er, weil wir in der Gnade und nicht unter dem Gesetz sind. Welches er selbst ausleget, daß »ohne Gesetz sein« sei nicht so viel gesagt, daß man keine Gesetze habe und möge tun, was jedermann gelüstet; sondern »unter dem Gesetz sein« ist, wenn wir ohne Gnade mit Gesetzeswerken umgehen. Alsdann herrschet gewißlich die Sünde durchs Gesetz, sintemal niemand dem Gesetz hold ist von Natur; das ist aber große Sünde.

44 sogar

Die Gnade macht uns aber das Gesetz lieblich; so ist denn keine Sünde mehr da und das Gesetz nicht mehr wider uns, sondern eins mit uns.

Das aber ist die rechte Freiheit von der Sünde und vom Gesetz, von welcher er bis ans Ende dieses Kapitels schreibet, daß es sei eine Freiheit, nur Gutes zu tun mit Lust und wohl[45] Leben ohne Zwang des Gesetzes. Darum ist die Freiheit eine geistliche Freiheit, die nicht das Gesetz aufhebt, sondern darreicht, was vom Gesetz gefordert wird, nämlich Lust und Liebe, damit das Gesetz gestillet wird und nicht mehr zu treiben und zu fordern hat. Gleich als wenn du einem Lehnherrn[46] schuldig wärest und könntest nicht bezahlen; von dem könntest du auf zweierlei Weise los werden: einmal, daß er nichts von dir nähme und sein Register[47] zerrisse, das andermal, daß ein frommer Mann für dich zahlete und gäbe dir, damit du seinem Register genug tätest. Auf diese Weise hat uns Christus vom Gesetz frei gemacht. Darum ist's nicht eine wilde fleischliche Freiheit, die nichts tun solle, sondern die viel und allerlei tut und von des Gesetzes Fordern und Schuld ledig ist.

Im *siebenten* bestätiget er solches mit einem Gleichnis des ehelichen Lebens: Wenn ein Mann stirbt, so ist die Frau auch ledig, und ist also eins des andern los und ab. Nicht also, daß die Frau nicht könne oder solle einen andern Mann nehmen, sondern vielmehr, daß sie nun allererst recht frei ist, einen andern zu nehmen, was sie vorhin nicht konnte tun, ehe sie jenes Mannes ab war. Also ist unser Gewissen verbunden dem Gesetz unter dem sündlichen alten Menschen. Wenn der getötet wird durch den Geist, so ist das Gewissen frei und eines des andern los; nicht, daß das

45 rechtem
46 Gläubiger
47 Schuldschein

Gewissen solle nichts tun, sondern nun allererst recht an Christo, dem andern Mann, hangen, und Frucht bringen des Lebens.

Darnach streichet[48] er weiter aus die Art der Sünde und des Gesetzes, wie durch das Gesetz die Sünde sich nun recht reget und gewaltig wird. Denn der alte Mensch wird dem Gesetz nur desto feinder, weil er nicht kann bezahlen, was vom Gesetz gefordert wird. Denn Sünde ist seine Natur, und er kann von sich selbst nicht anders; darum ist das Gesetz sein Tod und alle seine Marter. Nicht daß das Gesetz böse sei, sondern daß die böse Natur nicht leiden kann das Gute, daß es Gutes von ihm fordert. Gleichwie ein Kranker nicht leiden kann, daß man von ihm fordert Laufen und Springen und andere Werke eines Gesunden. Darum schließt S. Paulus hier, daß, wo das Gesetz recht erkennet und aufs beste gefasset wird, da tut's nicht mehr, als daß es uns erinnert unserer Sünde und tötet uns durch dieselbige und machet uns schuldig des ewigen Zorns; wie das alles fein sich lernt und erfähret im Gewissen, wenn's mit dem Gesetz recht getroffen wird. Also, daß man muß etwas anderes haben und mehr als das Gesetz, den Menschen fromm und selig zu machen. Welche aber das Gesetz nicht recht erkennen, die sind blind, gehen mit Vermessenheit dahin, meinen ihm mit Werken genug zu tun; denn sie wissen nicht, wie viel das Gesetz fordert, nämlich ein frei, willig, lustig Herz. Darum sehen sie dem Mose nicht recht unter die Augen, das Tuch ist ihnen davorgelegt und zugedeckt (2. Kor. 3, 13).

Darnach zeigt er, wie Geist und Fleisch miteinander streiten in einem Menschen, und setzt sich selbst zum Exempel, daß wir lernen, das Werk, die Sünde in uns selbst zu töten, recht erkennen. Er nennet aber beide, den Geist

48 malet

und das Fleisch, ein Gesetz, darum daß, gleichwie des göttlichen Gesetzes Art ist, daß es treibet und fordert, so treibet und fordert und wütet auch das Fleisch wider den Geist und will seine Lust haben. Wiederum treibt und fordert der Geist wider das Fleisch und will seine Lust haben. Dieser Zank währet in uns, so lange wir leben, in einem mehr, im andern weniger, darnach der Geist oder das Fleisch stärker wird. Und ist doch der ganze Mensch selbst alles beides, Geist und Fleisch, der mit sich selbst streitet, bis er ganz geistlich werde.

Im *achten* tröstet er solche Streiter, daß solch Fleisch sie nicht verdamme, und zeiget weiter an, was Fleisches und Geistes Art sei, und wie der Geist kommt aus Christo, der uns seinen heiligen Geist gegeben hat, der uns geistlich macht und das Fleisch dämpft und uns versichert, daß wir dennoch Gottes Kinder sind, wie hart auch die Sünde in uns wütet, solange wir dem Geiste folgen und der Sünde widerstreben, sie zu töten. Weil aber nichts so gut ist, das Fleisch zu betäuben, wie Kreuz und Leiden, tröstet er uns im Leiden durch Beistand des Geistes, der Liebe und aller Kreaturen, nämlich, daß der Geist in uns seufzet und die Kreatur sich mit uns sehnet, daß wir des Fleisches und der Sünde los werden. Also sehen wir, daß diese drei Kapitel auf das einzige Werk des Glaubens treiben, das da heißet, den alten Adam töten und das Fleisch zwingen.

Im *neunten, zehnten* und *elften* Kapitel lehret er von der ewigen Versehung[49] Gottes, woher es ursprünglich fließt, wer glauben oder nicht glauben wird, von Sünden los oder nicht los werden kann; damit es je ganz aus unsern Händen genommen und allein in Gottes Hand gestellet sei, daß wir fromm werden. Und das ist auch aufs allerhöchste not. Denn wir sind so schwach und ungewiß, daß, wenn's bei

49 Vorherbestimmung

uns stünde, würde sicherlich nicht ein Mensch selig; der Teufel würde sie gewißlich alle überwältigen. Aber nun Gott gewiß ist, daß ihm sein Versehen nicht fehlgeht, noch jemand ihm wehren kann, haben wir noch Hoffnung wider die Sünde.

Aber hier ist den frevlen und hochfahrenden Geistern ein Mal[50] zu stecken, die ihren Verstand zuerst hierher führen und oben anheben, zuvor den Abgrund göttlicher Versehung zu erforschen, und vergeblich damit sich bekümmern, ob sie zuvor versehen sind. Die müssen sich dann selbst stürzen, daß sie entweder verzagen oder sich in die freie Schanze schlagen[51]. Du aber folge dieser Epistel in ihrer Ordnung, bekümmere dich zuvor mit Christo und dem Evangelio, daß du deine Sünde und seine Gnade erkennest, darnach mit der Sünde streitest, wie hier das 1., 2., 3., 4., 5., 6., 7., 8. Kapitel gelehret haben. Darnach, wenn du in das achte kommen bist, unter das Kreuz und Leben, das wird dich recht lehren die Versehung im 9., 10., 11. Kapitel, wie tröstlich sie sei. Denn ohne Leiden, Kreuz und Todesnöte kann man die Versehung nicht ohne Schaden und heimlichen Zorn wider Gott handeln[52]. Darum muß Adam zuvor wohl tot sein, ehe er dies Ding leide[53] und den starken Wein trinke. Darum sieh dich vor, daß du nicht Wein trinkest, wenn du noch ein Säugling bist. Eine jegliche Lehre hat ihr Maß, Zeit und Alter.

Im *zwölften* lehret er den rechten Gottesdienst und machet alle Christen zu Pfaffen[54], daß sie opfern sollen, nicht Geld noch Vieh wie im Gesetz, sondern ihre eigenen Leiber mit Tötung der Lüste. Darnach beschreibt er den äußerlichen Wandel der Christen im geistlichen Regiment,

50 Grenze
51 aufs Spiel setzen
52 behandeln, darüber reden
53 die Frage der Vorherbestimmung ertrage
54 Priestern

wie sie lehren, predigen, regieren, dienen, geben, leiden, lieben, leben und tun sollen, gegen Freund, Feind und jedermann. Das sind die Werke, die ein Christ tut. Denn, wie gesagt ist, Glaube feiert nicht.

Im *dreizehnten* lehret er das weltliche Regiment ehren und gehorsam sein, welches darum eingesetzt ist. Obwohl es die Leute nicht fromm machet vor Gott, so schafft's doch so viel, daß die Frommen äußerlich Friede und Schutz haben, und die Bösen ohne Furcht oder mit Friede und Ruhe nicht können frei Übels tun. Darum ist es auch von den Frommen zu ehren, obwohl sie sein nicht bedürfen. Endlich aber fasset er alles in die Liebe und beschließt es in das Exempel[55] Christi, wie der uns getan hat, daß wir auch also tun und ihm nachfolgen.

Im *vierzehnten* lehret er die schwachen Gewissen im Glauben säuberlich[56] führen und ihrer schonen, daß man der Christen Freiheit nicht brauche zu Schaden, sondern zur Förderung der Schwachen. Denn wo man das nicht tut, da folget Zwietracht und Verachtung des Evangelii, daran doch alle Not[57] liegt, so daß es besser ist, den Schwachgläubigen ein wenig zu weichen[58], bis sie stärker werden, als daß allerdinge[59] die Lehre des Evangelii sollte untergehen. Und ist solches Werk ein sonderlich Werk der Liebe, das wohl auch jetzt vonnöten ist, wo man mit Fleischessen und anderer Freiheit frech und rauh, ohne alle Not, die schwachen Gewissen zerrüttet, ehe sie die Wahrheit erkennen.

Im *fünfzehnten* setzt er Christum zum Exempel, daß wir auch die andern Schwachen dulden, die sonst[60] gebrechlich

55 Vorbild
56 sorgfältig
57 alles
58 nachgeben
59 ganz und gar
60 ohnehin

194

sind in öffentlichen Sünden oder von unlustigen[61] Sitten, welche man nicht muß hinwerfen, sondern tragen, bis sie auch besser werden. Denn so hat Christus mit uns getan und tut noch täglich, daß er gar viel Untugend und böse Sitten, neben aller Unvollkommenheit, an uns träget und hilft ohn Unterlaß. Darnach zum Beschluß bittet er für sie, lobet sie und befiehlet sie Gott, und zeigt sein Amt und Predigt an und bittet sie gar säuberlich um Steuer an die Armen zu Jerusalem; und ist eitel Liebe, davon er redet und damit er umgehet.

Das letzte Kapitel ist ein Grußkapitel; aber darunter vermischet er gar eine edle Warnung vor Menschenlehren, die da neben der evangelischen Lehre einfallen und Ärgernis anrichten; gerade als hätte er gewißlich ersehen[62], daß aus Rom und durch die Römer kommen sollten die verführerischen, ärgerlichen Canones und Decretales und das ganze Geschwürm und Gewürm menschlicher Gesetze und Gebote, die jetzt alle Welt ersäuft und diese Epistel und alle heilige Schrift samt dem Geist und Glauben vertilget haben, daß nichts mehr da blieben ist als der Abgott Bauch, dessen Diener sie hier S. Paulus schilt[63]. Gott erlöse uns von ihnen. Amen.

Also finden wir in dieser Epistel aufs allerreichlichste, was ein Christ wissen soll, nämlich, was Gesetz, Evangelium, Sünde, Strafe, Gnade, Glaube, Gerechtigkeit, Christus, Gott, gute Werke, Liebe, Hoffnung, Kreuz sei, und wie wir uns gegen jedermann, er sei fromm oder Sünder, stark oder schwach, Freund oder Feind, und gegen uns selber verhalten sollen. Dazu das alles mit Schriftstellen trefflich gegründet, mit Exempeln sein selbst und der

61 unfeinen
62 vorhergesehen
63 16, 18

Propheten bewiesen, daß nichts mehr hier zu wünschen ist. Darum scheinet es auch, als habe S. Paulus in dieser Epistel wollen einmal in die Kürze verfassen[64] die ganze christliche und evangelische Lehre und einen Eingang bereiten in das ganze Alte Testament. Denn ohne Zweifel, wer diese Epistel wohl im Herzen hat, der hat des Alten Testaments Licht und Kraft bei sich; darum lasse sie ein jeglicher Christ sich gemein[65] und stetig in Übung sein. Da gebe Gott seine Gnade zu. Amen.

Vorrede auf die erste Epistel S. Pauli an die Korinther

1530[66]

In dieser Epistel vermahnet S. Paulus die Korinther, daß sie sollen einträchtig sein im Glauben und in der Lehre und darauf sehen, daß sie das Hauptstück, nämlich daß Christus unser Heil ist, wohl lernen, an welchem sich alle Vernunft und Weisheit stößet.

Denn gleichwie jetzt zu unsrer Zeit, wo das Evangelium an den Tag gekommen ist, finden sich der tollen Heiligen viel, welche man Rottengeister[67], Schwärmer und Ketzer heißt, die allzufrüh klug und gelehrt worden sind, und können vor großer Kunst und Weisheit sich mit niemand gleich oder einträchtig halten: einer will hier hinaus, der andere dort hinaus; als wäre es große Schande, wenn nicht ein jeglicher ein Sonderliches vornähme und seine eigene Weisheit aufwürfe; welche niemand wiederum kann zu

64 kurz zusammenfassen
65 vertraut
66 Die älteste Vorrede (1522-1527) enthält nur eine kurze Inhaltsangabe.
67 Sektierer

Narren machen, da sie doch im Grunde gar nichts von der rechten Hauptsache wissen noch verstehen, obgleich sie mit dem Maul viel davon plaudern: also ging's S. Paulo auch. Da er seine Korinther hatte den christlichen Glauben und die Freiheit vom Gesetz gelehrt, fanden sich auch die tollen Heiligen und unzeitige[68] Klüglinge, zertrenneten die einträchtige Lehre und machten Spaltung unter den Gläubigen. Einer wollte Paulisch, der andere Apollisch, einer Petrisch, der andere Christisch sein; einer wollte die Beschneidung haben, der andere nicht; einer wollte die Ehe, der andere nicht; einer wollte Götzenopfer essen, der andere nicht; etliche wollten leiblich frei sein; etliche Weiber wollten in Haaren gehen[69], und dergleichen. Bis sie dahin gerieten, daß einer die Freiheit mißbrauchte und nahm seine Stiefmutter zur Ehe, und etliche nichts von der Toten Auferstehung hielten, etliche nicht viel vom Sakrament. Und ging wüst und ganz unordentlich zu, daß jeglicher wollte Meister sein und lehren, und mit dem Evangelio, Sakrament und Glauben machen, was ihn gut dünkte. Und ließen dieweil das Hauptstück fein fahren und liegen, daß Christus unser Heil, Gerechtigkeit, Erlösung ist, als hätten sie es längst an den Schuhen zerrissen. Wie denn solch Stück nicht kann auf der Bahn[70] bleiben, wo man beginnet zu klügeln und weise zu sein.

Allerdinge, wie es jetzt auch uns gehet: nachdem wir den Deutschen das Evangelium eröffnet haben von Gottes Gnaden, da will auch ein jeglicher der beste Meister sein und den heiligen Geist allein haben; gerade als wäre das Evangelium darum gepredigt, daß wir unsere Klugheit und Vernunft darinnen erzeigen und Ruhm suchen sollten, so daß diese Korinther wohl mögen sein ein Exempel oder

68 unreife
69 1. Kor. 11, 5ff.
70 in Übung

Beispiel unsern Leuten zu dieser Zeit, welche auch wohl eine solche Epistel bedürften. Es muß aber also sein und soll dem Evangelio so gehen, daß tolle Heilige und unzeitige Klüglinge Rotten und Ärgernis anrichten, auf daß die Bewährten, wie hier S. Paulus auch saget, offenbar werden.

Darum straft[71] und verdammt S. Paulus solche schädliche Weisheit gar ernstlich und machet solche naseweise Heiligen wiederum zu Narren, spricht schlecht weg, daß sie nichts wissen von Christo noch von dem Geist und Gaben Gottes, uns in Christo gegeben, und sollen noch anheben zu lernen. Es müssen geistliche Leute sein, die es verstehen sollen, [daß] weise sein wollen und Klugheit vorgeben im Evangelio eben das rechte Ärgernis und Hindernis sei, Christum und Gott zu erkennen, Rotten und Zwietracht anzurichten. Dazu mag die kluge Vernunft und Weisheit wohl dienen, daß eitel tolle Heilige und wilde Christen werden; aber unsern Herrn Christum können sie nimmermehr erkennen, sie werden denn wiederum zu Narren, und lassen sich demütiglich durchs einfältige Wort Gottes lehren und führen. Solches treibt[72] er durch die ersten vier Kapitel.

Im *fünften* strafet er die große Unzucht des, der seine Stiefmutter genommen hatte, und will ihn in Bann tun und dem Teufel übergeben. Zeigt damit an eine rechte Weise des Bannes zu brauchen, daß er mit Bewilligung der gläubigen Gemeinde gefället soll werden über die öffentlichen Laster; wie auch Christus Matth. 18 (17) lehret.

Im *sechsten* strafet er das Hadern und Zanken vor Gericht, sonderlich vor den Heiden und Ungläubigen, und lehret, daß sie untereinander selbst sollen die Sachen schlichten oder Unrecht leiden.

71 tadelt
72 behandelt

Im *siebenten* gibt er Unterricht von der Keuschheit und ehelichem Stande. Lobet die Keuschheit und Jungfrauschaft, daß sie nütze seien, des Evangelii besser zu warten; wie Christus auch lehret Matth. 19 (12) von den Keuschen, die ums Evangelii oder Himmelreichs willen keusch sind. Aber Paulus will sie ungenötiget und ungezwungen und ohne Gefahr größerer Sünde gehalten haben; sonst sei besser freien als Keuschheit, die in stetiger Brunst steckt.

Im *achten* bis aufs *zwölfte* handelt er mancherlei Weise, wie man die schwachen Gewissen führen und halten soll in äußerlichen Sachen, als da sind Essen, Trinken, Kleider, Sakrament haben. Und wehret allenthalben, daß die Starken nicht verachten sollen die Schwachen; sintemal er selbst, ob er wohl ein Apostel sei, dennoch von vielem sich enthalten habe, wozu er wohl Recht hätte. Dazu sich die Starken wohl fürchten mögen, ja vorzeiten in Israel so viel untergegangen sind, die doch allesamt durch Wunderwerk aus Ägypten geführet sind. Und machet daneben etliche Ausläufte[73] heilsamer Lehre.

Im *zwölften* und *dreizehnten* handelt er, wie mancherlei Gaben Gottes sind, unter welchen doch die Liebe das beste sei: daß sie nicht sich erheben, sondern dienen sollen untereinander einmütig, weil es ist ein Gott, ein Herr, ein Geist, und alles ein, wie mancherlei es auch sei.

Im *vierzehnten* lehret er die Prediger, Propheten und Sänger, daß sie ordentlich ihre Gaben brauchen und nur zur Besserung, nicht zu eigener Ehre, ihre Predigten, Kunst und Verstand vorstellen.

Im *fünfzehnten* strafet er die, welche von der Auferstehung des Fleisches unrecht gelehret und geglaubet hatten.

Im *letzten* vermahnet er sie zu brüderlicher Hilfe in zeitlicher Nahrung den Dürftigen.

73 Ausführungen

Vorrede auf die zweite Epistel S. Pauli an die Korinther

1522

In der ersten Epistel hat S. Paulus die Korinther hart gestraft in vielen Stücken und scharfen Wein in die Wunden gegossen und sie erschreckt. Nun aber soll ein Apostel ein tröstlicher Prediger sein, die erschrockenen und blöden[74] Gewissen aufzurichten, mehr als zu schrecken. Darum lobet er sie nun wiederum in dieser Epistel und gießt auch Öl in die Wunden, und tut sich wunderfreundlich zu ihnen und heißet den Sünder mit Liebe wieder aufnehmen.

Im *ersten* und *zweiten* Kapitel zeigt er seine Liebe gegen sie, wie er alles geredet, getan und gelitten habe zu ihrem Nutzen und Heil, daß sie ja sich alles Besten zu ihm versehen[75] sollen.

Darnach preiset er das evangelische Amt, welches das höchste und tröstlichste Werk ist, zu Nutz und Heil der Gewissen, und zeigt, wie dasselbige edler sei als des Gesetzes Amt, und wie dasselbige verfolget wird und doch zunimmt an den Gläubigen und durch's Kreuz eine Hoffnung macht der ewigen Herrlichkeit. Aber mit dem allen berühret er die falschen Apostel, welche das Gesetz wider das Evangelium trieben und eitel äußerliche Heiligkeit (das ist Heuchelei) lehreten und ließen die inwendige Schande des Unglaubens stehen[76]. Das tut er im *dritten, vierten* und *fünften* Kapitel.

Im *sechsten* und *siebenten* ermahnet er sie, daß sie solcher Predigt Folge tun mit Werken und Leiden, und beschließt's mit ihrem Lobe, daß er sie reize fortzufahren.

---

74 furchtsamen
75 von ihm erwarten
76 Dieser Satz erst seit 1530.

Im *achten* und *neunten* ermahnet er sie, daß sie auch mit zeitlicher Nahrung Steuer und Hilfe täten den Heiligen in der teuren Zeit zu Jerusalem, welche von Anfang ihre Güter alle hatten übergeben, Apg. 4 (32).

Im *zehnten, elften* und *zwölften* hat er mit den falschen Aposteln zu schaffen.

Im *dreizehnten* dräuet er denen, die gesündigt hatten und sich nicht besserten.

Vorrede auf die Epistel S. Pauli an die Galater

1522

Die Galater waren durch S. Paulus zu dem rechten Christenglauben und ins Evangelium von dem Gesetz gebracht. Aber nach seinem Abschied kamen die falschen Apostel, die der rechten Apostel Jünger waren, und wandten die Galater wieder um, daß sie glaubten, sie müßten durch die Werke des Gesetzes selig werden und täten Sünde, wenn sie nicht des Gesetzes Werke hielten, wie Apg. 15 (1) auch etliche hohe Leute zu Jerusalem vorgaben.

Diesen entgegen hebt S. Paulus sein Amt hoch und will sich nicht weniger gehalten haben als ein anderer Apostel und rühmet allein von Gott seine Lehre und Amt, auf daß er den Ruhm der falschen Apostel, die sich mit der rechten Apostel Werk und Namen behalfen[77], dämpfte, und spricht, es sei nicht recht, wenn's gleich ein Engel anders predigte oder er selbst, geschweige denn, wenn es der Apostel Jünger oder sie selbst anders lehreten. Das tut er im *ersten und zweiten* Kapitel und schließt, daß ohne Verdienst,

77 sich auf der... beriefen

ohne Werk, ohne Gesetz, sondern allein durch Christum jedermann muß gerecht werden.

Im *dritten und vierten* Kapitel bewährt[78] er das alles mit Schriftstellen, Exempeln und Gleichnissen und zeigt, wie das Gesetz viel mehr Sünde und Verfluchung bringe als Gerechtigkeit, welche allein aus Gnaden von Gott verheißen, durch Christum ohne Gesetz erfüllet und uns gegeben ist.

Im *fünften und sechsten* lehret er die Werke der Liebe, die dem Glauben folgen sollen.

Vorrede auf die Epistel S. Pauli an die Epheser

1522

In dieser Epistel lehret S. Paulus aufs erste, was das Evangelium sei, wie es allein von Gott in Ewigkeit versehen[79] und durch Christum verdienet und ausgegangen ist, daß alle, die daran glauben, gerecht, fromm, lebendig, selig und vom Gesetz, Sünde und Tod frei werden. Das tut er durch die *drei ersten* Kapitel.

Darnach lehret er meiden die Nebenlehre und Menschengebot, auf daß wir an einem Haupt bleiben, gewiß, rechtschaffen und völlig werden in Christo allein, an welchem wir's gar[80] haben, daß wir außer ihm nichts bedürfen. Das tut er im *vierten* Kapitel.

Fortan lehret er, den Glauben üben und beweisen mit guten Werken und Sünde meiden und mit geistlichen Waffen streiten wider den Teufel, damit wir durchs Kreuz in Hoffnung bestehen mögen.

78 belegt
79 geplant
80 genug

Vorrede auf die Epistel S. Pauli
an die Philipper

1522

In dieser Epistel lobt und ermahnet S. Paulus die Philipper, daß sie bleiben und fortfahren sollen im rechten Glauben und zunehmen in der Liebe. Weil aber dem Glauben allezeit Schaden tun die falschen Apostel und Werklehrer, warnet er sie vor denselbigen und zeiget ihnen an mancherlei Prediger, etliche gute, etliche böse, auch sich selbst und seine Jünger, Timotheum und Epaphroditum. Das tut er in den *zwei ersten* Kapiteln.

Im *dritten* verwirft er die glaublose und menschliche Gerechtigkeit, die durch die falschen Apostel gelehret und gehalten wird, setzt sich selbst zum Exempel, der in solcher Gerechtigkeit herrlich gelebt habe und doch nun nichts davon halte, um Christi Gerechtigkeit willen. Denn jene macht nur den Bauch zum Gott und Feinde des Kreuzes Christi.

Im *vierten* ermahnet er sie zum Frieden und gutem äußerlichen Wandel gegen einander und danket ihnen für ihr Geschenk, das sie ihm gesandt haben.

Vorrede auf die Epistel S. Pauli
an die Kolosser

1522

Gleichwie die Epistel an die Galater sich artet[81] und geraten ist nach der Epistel an die Römer und eben dasselbige mit kurzem Begriff fasset, was die an die Römer weiter und

---

81 geartet ist

reicher ausführet, also artet sich diese an die Kolosser nach der an die Epheser und fasset auch mit kurzem Begriff denselben Inhalt.

Aufs erste lobet und wünschet der Apostel den Kolossern, daß sie im Glauben bleiben und zunehmen, und streichet heraus, was das Evangelium und der Glaube sei, nämlich eine Weisheit, die Christum als Herrn und Gott erkenne, für uns gekreuzigt, die von der Welt her verborgen und nun durch sein Amt hervorgebracht sei. Das ist das *erste* Kapitel.

Im *zweiten* Kapitel warnet er sie vor Menschenlehren, die allezeit dem Glauben entgegen sind, und malet dieselbigen also eben[82] ab, wie sie nirgends in der Schrift abgemalet sind, und tadelt sie meisterlich.

Im *dritten* ermahnet er sie, daß sie im lautern Glauben fruchtbar seien mit allerlei guten Werken gegeneinander, und beschreibt allerlei Ständen ihr eigen Werk.

Im *vierten* befiehlt er sich in ihr Gebet und grüßet und stärket sie.

Vorrede auf die erste Epistel S. Pauli an die Thessalonicher

1522

Diese Epistel schreibt S. Paulus aus sonderlicher Liebe und apostolischer Sorge. Denn er lobet sie durch die *ersten zwei* Kapitel, wie sie das Evangelium haben von ihm mit solchem Ernst angenommen, daß sie auch durch Leiden und Verfolgung drinnen bestanden und allen Gemeinden allenthalben ein schönes Exempel des Glaubens worden

---

82 genau

sind und gleich Christo und seinen Aposteln von den Juden, ihren eignen Gefreundeten[83], Verfolgung erlitten haben; wie er selbst auch bei ihnen erlitten hatte, ihnen zum Exempel, und ein heilig Leben bei ihnen geführet. Dafür danket er Gott, daß solche Frucht bei ihnen sein Evangelium geschafft hatte.

Im *dritten* zeiget er seinen Fleiß und Sorge, daß solche seine Arbeit und ihr löblicher Anfang nicht durch den Teufel und seine Apostel mit Menschenlehren verstöret würden. Darum habe er zuvor Timotheum zu ihnen gesandt, solches zu erkunden, und dankt Gott, daß sich's noch recht bei ihnen gefunden hat, und wünschet ihnen das Zunehmen.

Im *vierten* ermahnet er sie, daß sie sich vor Sünden hüten und Gutes untereinander tun. Dazu antwortet er ihnen auf eine Frage, die sie an ihn durch Timotheum hatten getragen, von der Toten Auferstehung, ob sie alle zugleich oder nacheinander werden auferstehen.

Im *fünften* schreibt er vom jüngsten Tage, wie derselbige kommen solle behend und schnell; und gibt ihnen etliche gute Ordnung, die andern zu regieren, und wie sie sich gegenüber der andern Leben und Lehren halten sollen.

Vorrede auf die zweite Epistel S. Pauli
an die Thessalonicher

1522

In der ersten Epistel hatte S. Paulus den Thessalonichern eine Frage aufgelöset, vom jüngsten Tage, wie derselbige schnell wie ein Dieb in der Nacht kommen wird. Wie es

---

83 Blutsverwandten

nun pfleget zu kommen, daß immer eine Frage die andere gebiert, aus falschem Verstand[84], verstanden die Thessalonicher, der jüngste Tag wäre schon vorhanden. Darauf schreibet er diese Epistel und erkläret sich selbst.

Im *ersten* Kapitel tröstet er sie mit der ewigen Belohnung ihres Glaubens und Geduld in allerlei Leiden und mit der Strafe ihrer Verfolger in ewiger Pein.

Im *zweiten* lehret er, wie vor dem jüngsten Tage das römische Reich zuvor muß untergehen und der Antichrist sich als Gott aufwerfen in der Christenheit und mit falschen Lehren und Zeichen die ungläubige Welt verführen, bis daß Christus komme und verstöre[85] ihn durch seine herrliche Zukunft und mit einer geistlichen Predigt zuvor töte.

Im *dritten* tut er etliche Ermahnung, und sonderlich, daß sie die Müßigen, die sich nicht mit eigener Hand ernähren, strafen und, wenn sie nicht sich bessern, meiden sollen; welches gar hart wider den jetzigen geistlichen Stand lautet.

Vorrede auf die erste Epistel S. Pauli an Timotheum

1522

Diese Epistel schreibt S. Paulus zum Vorbilde allen Bischöfen, was sie lehren und wie sie die Christenheit in allerlei Ständen regieren sollen, auf daß nicht not sei, aus eigenem Menschendünkel die Christen zu regieren.

Im *ersten* Kapitel befiehlt er, daß ein Bischof halte auf den rechten Glauben und die Liebe und den falschen Gesetzpredigern widerstehe, die neben Christo und dem Evangelio auch die Werke des Gesetzes treiben wollten. Und er fasset

84 Verständnis
85 vernichte

in eine kurze Summa die ganze christliche Lehre, wozu das Gesetz diene, und was das Evangelium sei; setzt sich selbst zum tröstlichen Exempel allen Sündern und betrübten Gewissen[86].

Im *zweiten* befiehlt er zu beten für alle Stände, und gebietet, daß die Weiber nicht predigen, auch nicht köstlichen Schmuck tragen, sondern den Männern gehorsam sollen sein.

Im *dritten* beschreibt er, was für Personen die Bischöfe oder Priester und ihre Weiber sein sollen, item die Kirchendiener und ihre Weiber, und lobt's, so jemand begehrt, ein Bischof solcher Weise zu sein.

Im *vierten* kündigt er den falschen Bischofs- und geistlichen Stand an, der dem vorhergesagten entgegen ist, wenn solche Personen nicht sein werden, sondern [solche], die Ehe und Speise verbieten, und ganz das Widerspiel[87] mit Menschenlehren treiben würden von dem Bild, das er angezeigt hat.

Im *fünften* befiehlt er, wie die Witwen und jungen Weiber sollen bestellet[88] werden, und welche Witwen man von der gemeinen Steuer nähren solle; auch wie man fromme und sträfliche Bischöfe oder Priester in Ehren halten oder strafen solle.

Im *sechsten* ermahnet er die Bischöfe, daß sie dem lautern Evangelium anhangen, dasselbe mit Predigen und Leben treiben, der unnützen, vorwitzigen Fragen sich entschlagen, die nur zu weltlichem Ruhm und um Reichtum zu suchen aufgeworfen werden.

---

86 Dieser Satz (Und...) seit 1530.
87 Gegenteil
88 versorgt

Vorrede auf die zweite Epistel S. Pauli an Timotheum

1522

Diese Epistel ist ein Letzebrief[89], darin S. Paulus Timotheum ermahnet, daß er fortfahre, wie er angefangen habe, das Evangelium zu treiben; was auch wohl not ist, sintemal viel sind, die abfallen, dazu falsche Geister und Lehrer sich allenthalben erregen. Darum einem Bischofe zustehet, immer zu wachen und arbeiten an dem Evangelio.

Insonderheit aber verkündigt er im dritten und vierten Kapitel die gefährliche Zeit am Ende der Welt, darin das falsch geistliche Leben alle Welt verführen wird, mit äußerlichem Schein, darunter allerlei Bosheit und Untugend ihr Wesen habe, wie wir leider jetzt an unsern Geistlichen diese Prophezeiung S. Pauli allzu reichlich erfüllet sehen.

Vorrede auf die Epistel S. Pauli an Titum

1522

Das ist eine kurze Epistel, aber ein Ausbund[90] christlicher Lehre, darinnen allerlei so meisterlich verfasset[91] ist, was einem Christen not ist zu wissen und zu leben.

Aufs *erste* lehret er, was ein Bischof oder Pfarrherr für ein Mann sein soll, nämlich, der fromm und gelehrt sei, das Evangelium zu predigen und die falschen Lehrer der Werke und Menschengesetze zu widerlegen, welche allezeit wider den Glauben streiten und die Gewissen von der christlichen Freiheit verführen in das Gefängnis ihrer Menschenwerke,

89 Abschiedsbrief
90 Muster
91 zusammengefaßt

als sollten sie vor Gott fromm machen, die doch nichts nütze sind.

Im *zweiten* Kapitel lehret er allerlei Stände, Alt, Jung, Frauen, Männer, Herrn und Knecht, wie sie sich halten sollen als die, welche Christus durch sein Sterben erworben hat zum Eigentum.

Im *dritten* lehret er die weltlichen Herrschaften zu ehren und ihnen gehorchen und führt abermals an die Gnade, die uns Christus erworben hat, damit niemand denke, daß es genug sei, gehorsam sein der Herrschaft, sintemal alle unser Gerechtigkeit nichts ist vor Gott; und befiehlt, die Halsstarrigen und Ketzer zu meiden.

Vorrede auf die Epistel S. Pauli an Philemon

1522

Diese Epistel zeigt ein meisterlich lieblich Exempel christlicher Liebe. Denn da sehen wir, wie S. Paulus sich des armen Onesimi annimmt und ihn gegen seinen Herrn vertritt mit allem, was er vermag, und stellet sich nicht anders, als sei er selbst Onesimus, der sich versündigt habe.

Doch tut er das nicht mit Gewalt oder Zwang, wozu er wohl Recht hätte, sondern entäußert sich seines Rechtes, womit er zwingt, daß Philemon sich seines Rechtes auch verzeihen[92] muß. Eben wie uns Christus getan hat gegenüber Gott dem Vater, also tut auch S. Paulus für Onesimo gegenüber Philemon. Denn Christus hat sich auch seines Rechtes entäußert und mit Liebe und Demut den Vater überwunden, daß er seinen Zorn und Recht hat müssen

---

92 auf sein Recht verzichten

legen[93] und uns zu Gnaden nehmen um Christi willen, der also ernstlich uns vertritt und sich unser so herzlich annimmt. Denn wir sind alle seine Onesimi, wenn wir's glauben.

Vorrede auf die erste Epistel S. Peters

1522

Diese Epistel hat S. Peter zu den bekehrten Heiden geschrieben und ermahnet sie, im Glauben beständig zu sein und zuzunehmen durch allerlei Leiden und gute Werke.

Im *ersten* Kapitel stärkt er ihren Glauben durch göttliche Verheißung und Kraft der zukünftigen Seligkeit und zeigt an, wie dieselbige nicht von uns verdienet, sondern zuvor durch die Propheten verkündigt sei. Darum sollen sie nun im neuen Wesen heilig leben und des alten vergessen, als die, welche neu geboren sind durch das lebendige, ewige Wort Gottes.

Im *zweiten* lehret er das Haupt und den Eckstein Christum erkennen, und daß sie als rechtschaffene Priester sich selbst Gott opfern, wie Christus sich geopfert hat, und hebet an allerlei Stände zu unterrichten. Am ersten lehret er insgemeinhin, der weltlichen Herrschaft untertan sein; darnach sonderlich die Knechte, ihren eigenen Herrn unterworfen sein und Unrecht von ihnen leiden[94], um Christi willen, der für uns auch Unrecht erlitten hat.

Im *dritten* lehret er die Weiber gehorsam sein, auch den ungläubigen Männern, und sich heiliglich zieren; item, die Männer, daß sie ihre Weiber dulden[95] und vertragen; und

93 abtun
94 ertragen
95 Geduld haben

darnach insgemein, untereinander demütig, geduldig und freundlich sein, wie Christus für unsere Sünde gewesen ist.

Im *vierten* lehret er das Fleisch bezwingen mit Nüchternheit, Wachen, Mäßigkeit, Beten und mit Christi Leiden trösten und stärken; und unterweiset das geistliche Regiment, wie man allein Gottes Wort und Werk treiben soll, und ein jeglicher dem andern mit seiner Gabe dienstbar sein, und nicht wundern, sondern fröhlich sein, wenn wir leiden müssen um Christi Namens willen.

Im *fünften* ermahnet er die Bischöfe und Priester, wie sie leben und das Volk weiden sollen; und warnet uns vor dem Teufel, daß er ohn Unterlaß uns nachgehe allenthalben.

Vorrede auf die zweite Epistel S. Peters

1522

Diese Epistel ist wider die geschrieben, die da meinen, der christliche Glaube könne ohne Werke sein. Darum ermahnet er sie, daß sie durch gute Werke sich prüfen und des Glaubens gewiß werden, gleichwie man an den Früchten die Bäume erkennet.

Und fängt darnach an, wider die Menschenlehre das Evangelium zu preisen, daß man dasselbige allein solle hören und keine Menschenlehre. Denn wie er spricht: »Es ist noch nie eine Prophezeiung von Menschenwillen geschehen« (1, 21).

Darum warnet er im *zweiten* Kapitel vor den zukünftigen falschen Lehrern, die mit Werken umgehen und dadurch Christum verleugnen; und dräuet denselbigen hart mit drei greulichen Exempeln und malet sie so eben[96] ab mit ihrem

96 genau

Geiz, Hochmut, Frevel, Hurerei, Heuchelei, daß man's greifen muß, daß er den heutigen geistlichen Stand meine, der alle Welt mit seinem Geiz[97] verschlungen hat und ein frei, fleischlich, weltlich Leben freventlich führt.

Im *dritten* zeiget er, daß der jüngste Tag bald kommen werde, und ob's vor den Menschen tausend Jahr dünket zu sein, ist's doch vor Gott wie ein Tag. Und beschreibt, wie es zugehen werde am jüngsten Tage, daß alles mit Feuer verzehret werden soll. [Er weissaget aber auch, daß zur selbigen Zeit die Leute ganz spöttisch sein und nichts vom Glauben halten werden, wie die Epikurer.

Summa, das erste Kapitel zeiget, wie die Christenheit stehen sollte zur Zeit des reinen Evangelii. Das zweite Kapitel zeiget, wie sie zur Zeit des Papstes und der Menschenlehre stehen würde. Das dritte, wie hernach die Leute Evangelium und alle Lehre verachten und nichts glauben werden. Und das gehet jetzt im vollen Schwang, bis Christus komme.][98]

Vorrede auf die drei Episteln S. Johannis

1522

Diese erste Epistel S. Johannis ist eine rechtschaffene apostolische Epistel und sollte billig bald nach seinem Evangelio folgen. Denn gleichwie er im Evangelio den Glauben treibet, also begegnet er in der Epistel denen, die sich des Glaubens rühmeten ohne Werke, und lehret mannigfaltig, wie die Werke nicht ausbleiben, wo der Glaube ist. Bleiben sie aber aus, so ist der Glaube nicht rechtschaffen, sondern Lüge und Finsternis. Er tut aber dasselbige

97 Habsucht
98 Die eingeklammerten Sätze wurden 1530 angefügt.

nicht mit Treiben aufs Gesetz, wie Jakobs Epistel tut, sondern mit Reizen[99], daß wir auch lieben sollen, wie Gott uns geliebet hat.

Er schreibt aber auch drinnen hart wider die Kerinther[100] und wider den Geist des Widerchrists, der schon dazumal anfing Christum zu verleugnen, daß er ins Fleisch gekommen sei, welches nun erst recht im Schwang gehet. Denn ob man wohl jetzt nicht leugnet mit dem Munde öffentlich, daß Christus ins Fleisch gekommen sei, so leugnen sie es doch mit dem Herzen, mit der Lehre und Leben. Denn wer durch sein Werk und Tun will fromm und selig werden, der tut eben soviel wie der, der Christum verleugnet, sintemal Christus darum ins Fleisch kommen ist, daß er uns ohne unser Werk, allein durch sein Blut fromm und selig machete.

Also streitet die Epistel wider beide Teile, wider die, welche ganz ohne Werke sein wollen im Glauben, und wider die, welche mit Werken wollen fromm werden, und behält uns auf rechter Mittelstraße, daß wir durch den Glauben fromm und der Sünde los werden und darnach auch, wenn wir nun fromm sind, gute Werke und Liebe um Gottes willen üben, frei ohne alles Gesuch[101].

Die anderen zwei Episteln sind nicht Lehrepisteln, sondern Exempel der Liebe und des Glaubens, und haben auch einen rechten apostolischen Geist.

99 Locken
100 gnostische Sekte des 2. Jahrhunderts
101 Eigennutz

Bisher haben wir die rechten gewissen Hauptbücher des Neuen Testaments gehabt. Diese vier nachfolgenden aber[102] haben vorzeiten ein anderes Ansehen gehabt. Und aufs erste, daß die Epistel an die *Hebräer* nicht S. Pauli noch irgend eines Apostels sei, beweiset sich damit, daß im zweiten Kapitel (3) stehet also: Diese Lehre ist durch die, die es selbst von dem Herrn gehört haben, auf uns gekommen und geblieben. Damit wird es klar, daß er von den Aposteln redet als ein Jünger, auf den solche Lehre von den Aposteln gekommen sei, vielleicht lange hernach. Denn S. Paulus Gal. 1 (12) mächtiglich bezeuget, er habe sein Evangelium von keinem Menschen noch durch Menschen, sondern von Gott selber.

Über das hat sie einen harten Knoten, daß sie im 6. und 10. Kapitel stracks verneinet und versaget die Buße den Sündern nach der Taufe; und im 12. spricht, Esau habe Buße gesucht und doch nicht gefunden, welches wider alle Evangelia und die Episteln S. Pauli ist[103]. Und wiewohl man mag eine Glosse[104] darauf machen, so lauten doch die Worte so klar, daß ich nicht weiß, ob's genug sei. Mich dünket, daß es sei eine Epistel von vielen Stücken zusammengesetzt und nicht einerlei ordentlich handle[105].

Wie dem allen sei, so ist's doch eine ausbündig feine Epistel, die vom Priestertum Christi meisterlich und gründlich aus der Schrift redet, dazu das Alte Testament fein und reichlich ausleget, so daß es offenbar ist, sie sei

102 Hebr., Jak., Judas, Offenbarung Johannis
103 seit 1530: Welches, wie es lautet, scheinet wider alle Evangelia und Episteln S. Pauli zu sein.
104 Deutung
105 in Ordnung abhandele

eines trefflichen gelehrten Mannes, der ein Jünger der Apostel gewesen, viel von ihnen gelernet und sehr im Glauben erfahren und in der Schrift geübt ist. Und obwohl er nicht den Grund legt des Glaubens, wie er selbst Kap. 6 (1) bezeuget, welches der Apostel Amt ist, so bauet er doch fein drauf Gold, Silber, Edelsteine, wie S. Paulus 1. Kor. 3 (12) sagt. Derhalben es uns nicht hindern soll, ob vielleicht etwa Holz, Stroh oder Heu mit untergemenget werde, sondern sollen solche feine Lehre mit allen Ehren aufnehmen; nur daß man sie den apostolischen Episteln nicht in allen Dingen gleichsetzen kann.

Wer sie aber geschrieben habe, ist unbewußt[106], will auch wohl unbewußt bleiben noch eine Weile. Da liegt auch nichts an. Uns soll genügen an der Lehre, die er so beständiglich aus und in der Schrift gründet, und gleich einen rechten feinen Griff und Maß[107] zeigt, die Schrift zu lesen und zu handeln.

Vorrede auf die Episteln S. Jacobi und Judae

1522[108]

Die Epistel S. Jacobi, wiewohl sie von den Alten verworfen ist, lobe ich und halte sie doch für gut, darum daß sie gar keine Menschenlehre setzt und Gottes Gesetz hart treibet. Aber daß ich meine Meinung drauf stelle, doch ohne jedermanns Nachteil, achte ich sie für keines Apostels Schrift, und ist das meine Ursache:

Aufs erste, daß sie stracks wider S. Paulum und alle andre Schrift den Werken die Rechtfertigung gibt und spricht,

106 unbekannt
107 Weise
108 mit einigen Lesarten der Ausgabe von 1530

Abraham sei aus seinen Werken rechtfertig[109] worden, da er seinen Sohn opferte. So doch S. Paulus Röm. 4 (2. 3) dagegen lehret, daß Abraham ohne Werke sei gerecht geworden, allein durch seinen Glauben, und beweiset das mit 1. Mose 15 (6), ehe denn er seinen Sohn opferte. Ob nun dieser Epistel wohl könnte geholfen und solcher Gerechtigkeit der Werke eine Glosse[110] gefunden werden, kann man sie doch darin nicht schützen, daß sie den Spruch 1. Mose 15 (welcher allein von Abrahams Glauben und nicht von seinen Werken sagt, wie ihn S. Paulus Röm. 4 anführet) doch auf die Werke zieht. Darum dieser Mangel schließt[112], daß sie keines Apostels sei.

Aufs zweite, daß sie will Christenleute lehren, und gedenkt nicht einmal in solch langer Lehre des Leidens, der Auferstehung, des Geistes Christi. Er nennet Christi etliche Male, aber er lehret nichts von ihm, sondern sagt von gemeinem[112] Glauben an Gott. Denn das Amt eines rechten Apostels ist, daß er von Christi Leiden und Auferstehung und Amt predige und lege desselbigen Glaubens Grund, wie er selbst sagt Joh. 15 (27): »Ihr werdet von mir zeugen.« Und darin stimmen alle rechtschaffenen heiligen Bücher überein, daß sie allesamt Christum predigen und treiben[113]. Auch ist das der rechte Prüfstein, alle Bücher zu tadeln[114], wenn man siehet, ob sie Christum treiben oder nicht, sintemal alle Schrift Christum zeiget, Röm. 3 (21), und S. Paulus nichts als Christum wissen will, 1. Kor. 2 (2). Was Christum nicht lehret, das ist nicht apostolisch, wenn's gleich S. Petrus oder S. Paulus lehrete. Wiederum, was

---

109 gerecht (1530)
110 Erklärung
111 beweist
112 allgemeinem
113 behandeln, lehren
114 untersuchen

Christum predigt, das ist apostolisch, wenn's gleich Judas, Hannas, Pilatus und Herodes täte.

Aber dieser Jakobus tut nicht mehr, als daß er treibt zu dem Gesetz und seinen Werken, und wirft so unordentlich eins ins andere, daß mich dünket, es sei irgend ein guter frommer Mann gewesen, der etliche Sprüche von der Apostel Jüngern gefasset und also aufs Papier geworfen hat, oder ist vielleicht aus seiner Predigt von einem andern geschrieben. Er nennet das Gesetz ein Gesetz der Freiheit, so es doch S. Paulus ein Gesetz der Knechtschaft, des Zorns, des Todes und der Sünde nennet.

Über das führet er die Sprüche S. Petri an: »Die Liebe bedeckt der Sünden Menge«, item: »Demütiget euch unter die Hand Gottes.«[115] Item S. Paulus' Spruch Gal. 5 (17): »Den Geist gelüstet wider den Haß«[116], so doch S. Jakobus zeitlich von Herodes zu Jerusalem vor S. Peter getötet war, so daß es wohl erscheinet, wie er längst nach S. Peter und Paul gewesen sei.

Summa[117], er hat wollen denen wehren, die auf den Glauben ohn Werk sich verließen, und ist der Sach mit Geist, Verstand und Worten zu schwach gewesen und zerreißet die Schrift und widerstehet damit Paulo und aller Schrift, wills mit Gesetz-treiben ausrichten, was die Apostel mit Reizen zur Lieb ausrichten. Darum will ich ihn nicht haben in meiner Bibel in der Zahl der rechten

115 1. Petr. 4, 8; Jak. 5, 20; 1. Petr. 5, 6; Jak. 4, 10
116 Luther verbindet Jak. 4, 5 (nach mißverstandenem Urtext) mit Gal. 5, 17, wo »Fleisch« statt »Haß« steht.
117 Den folgenden Abschnitt (Summa *bis* gelten) hat Luther seit 1530 folgendermaßen gekürzt und dadurch gemildert:
Summa, er hat wollen denen wehren, die auf den Glauben ohne Werke sich verließen, und ist der Sache zu schwach gewesen, will es mit dem Gesetztreiben ausrichten, was die Apostel mit Reizen zur Liebe ausrichten. Darum kann ich ihn nicht unter die rechten Hauptbücher setzen, will aber damit niemand wehren, daß er ihn setze und erhebe, wie es ihn gelüstet; denn viel gute Sprüche sonst darinnen sind.

Hauptbücher, will aber damit niemand wehren, daß er ihn setz und hebe, wie ihn gelüstet, denn es viel guter Sprüch sonst drinnen sind. *Ein* Mann ist kein Mann in weltlichen Sachen; wie sollt denn dieser Einzelne nur allein wider Paulum und alle andere Schrift gelten?

Die Epistel aber S. Judas' kann niemand leugnen, daß sie ein Auszug oder Abschrift ist S. Peters zweiter Epistel, da derselbigen alle Worte fast gleich sind. Auch redet er von den Aposteln wie ein Jünger längst hernach und führet auch Sprüche und Geschichten an, die in der Schrift nirgend stehen; was auch die alten Väter bewegt hat, diese Epistel aus der Hauptschrift zu werfen. Dazu ist der Apostel Judas in griechische Sprache[118] nicht kommen, sondern ins Perserland, wie man sagt, so daß er ja nicht griechisch hat geschrieben. Darum obwohl ich sie preise, ist's doch eine Epistel, unnötig unter die Hauptbücher zu rechnen, die des Glaubens Grund legen sollen.

Vorrede auf die Offenbarung S. Johannis

1522

An diesem Buch der Offenbarung Johannis laß ich auch jedermann seines Sinnes walten, will niemand an mein Dünken oder Urteil verbunden haben. Ich sage, was ich fühle. Mir mangelt an diesem Buch nicht[119] einerlei, daß ich's weder für apostolisch noch für prophetisch halte. Aufs erst und allermeist, daß die Apostel nicht mit Gesichten umgehen, sondern mit klaren und dürren Worten weissagen, wie Petrus, Paulus, Christus im Evangelio auch tun, denn es auch dem apostolischen Amt gebührt, klärlich und

118 ins Gebiet der griechischen Sprache
119 nicht nur

ohn Bild oder Gesicht von Christo und seinem Tun zu reden.

Auch ist kein Prophet im Alten Testament, geschweig im Neuen, der so ganz durch und durch mit Gesichten und Bildern handle, daß ich's fast gleich bei mir achte dem vierten Buch Esras[120] und aller Dinge nicht spüren kann, daß es von dem heiligen Geist gestellt sei.

Dazu dünkt mich das allzuviel zu sein, daß er so hart solch sein eigen Buch, mehr als andre heilige Bücher tun (an denen viel mehr gelegen ist), befiehlt und dräuet, wer etwas davon tue, von dem werde Gott auch tun, etc. Wiederum sollen selig sein, die da halten, was drinnen stehet (22, 14, 18 f.), so doch niemand weiß, was es ist, geschweig, daß er's halten sollt, und ebensoviel ist, als hätten wir's nicht, auch wohl viel edlere Bücher vorhanden sind, die zu halten sind.

Es haben auch viel der Väter dies Buch vorzeiten verworfen und, obwohl Sankt Hieronymus es mit hohen Worten anführet und spricht, es sei über alles Lob und so viel Geheimnis drinnen als Wörter, so kann er doch des nichts beweisen und ist wohl an mehr Orten seines Lobens zu milde.

Endlich halt davon jedermann, was ihm sein Geist gibt, mein Geist kann sich in das Buch nicht schicken, und ist mir die Ursach gnug, daß ich sein nicht hoch achte, daß Christus drinnen weder gelehret noch erkannt wird, welchs doch zu tun vor allen Dingen ein Apostel schuldig ist, wie er sagt Apg. 1 (8):˙ »Ihr sollt meine Zeugen sein.« Darum bleib ich bei den Büchern, die mir Christum hell und rein dargeben.

---

120 jüdische Apokalypse (Ende des 1. Jahrh. n. Chr.)

Mancherlei Weissagung findet man in der Christenheit. Etliche weissaget also, daß sie der Propheten Schrift auslegt, davon Paulus 1. Kor. 12 und 14 und an mehr Orten sagt. Diese ist die nötigste, und man muß sie täglich haben, als die das Wort Gottes lehret, den Grund der Christenheit legt und den Glauben verteidigt, und in Summa, die das Predigtamt regieret, erhält, bestellt und ausrichtet. Etliche weissagt von künftigen Dingen, die nicht zuvor in der Schrift stehen. Und diese ist dreierlei.

Die erste tut's mit ausgedrückten Worten, ohne Bilder und Figuren, wie Mose, David und dergleichen Propheten mehr von Christo weissagen, und wie Christus und die Apostel von dem Antichrist und falschen Lehrern etc.

Die zweite tut's mit Bildern, aber setzt doch daneben auch die Auslegung mit ausgedrückten Worten, wie Joseph die Träume auslegt und Daniel Träume und Bilder auslegt.

Die dritte, die es ohne Worte oder Auslegung mit bloßen Bildern und Figuren tut, wie dies Buch der Offenbarung und vieler heiliger Leute Träume, Gesichte und Bilder, welche sie vom heiligen Geist haben; wie Apg. 2 (17) Petrus aus Joel predigt: »Eure Söhne und Töchter sollen weissagen, und eure Jünglinge sollen Gesichte sehen, und eure Ältesten sollen Träume träumen.«

Und solange solche Weissagung ungedeutet bleibt und keine gewisse Auslegung kriegt, ist's eine verborgene, stumme Weissagung und noch nicht zu ihrem Nutz und Frucht gekommen, den sie der Christenheit geben soll, wie denn auch diesem Buch bisher gegangen. Es haben wohl viele sich dran versucht, aber bis auf den heutigen Tag nichts Gewisses aufgebracht; etliche viel ungeschickts Dinges aus ihrem Kopf hineingebräuet. Um solcher ungewissen Auslegung und verborgenen Verstandes[121] willen haben wir's bisher auch lassen liegen, sonderlich weil es auch bei etlichen alten Vätern geachtet, daß es nicht S. Johannis des Apostels sei, wie im 3. Buch der Historia Ecclesiastica Kap. 25 stehet[122], in welchem Zweifel wir's für uns auch noch lassen bleiben. Damit doch niemand gewehret sein soll, daß er's halte für S. Johannis des Apostels oder wie er will.

Weil wir aber dennoch gerne die Deutung oder Auslegung gewiß hätten, wollen wir den andern und höhern Geistern Ursachen nachzudenken geben und unsere Gedanken auch an Tag geben, nämlich also: Weil es soll eine Offenbarung sein künftiger Geschichten, und sonderlich künftiger Trübsale und Unfälle der Christenheit, achten wir, das sollt der nächste und gewisseste Griff sein, die Auslegung zu finden, wenn man die vergangenen Geschichten und Unfälle, in der Christenheit bisher ergangen, aus den Historien nähme und dieselbigen gegen diese Bilder hielte und also auf die Worte vergliche. Wenn sich's alsdann würde fein mit einander reimen und eintreffen, so könnte man drauf fußen, als auf eine gewisse oder zum wenigsten als auf eine unverwerfliche Auslegung.

Demnach halten wir, wie der Text zwar[123] selbst gibt, daß die *ersten drei* Kapitel, die von den sieben Gemeinden und ihren Engeln in Asia reden, nichts anderes wollen, als einfältiglich anzeigen, wie dieselbigen dazumal gestanden oder sich bessern sollen. Über das lernen wir draus, unter dem Wort Engel hernach in andern Bildern oder Gesichten verstehen Bischöfe und Lehrer in der Christenheit, etliche gut, wie die heiligen Väter und Bischöfe, etliche böse, wie

---

121 Sinnes
122 Euseb von Cäsarea, Kirchengeschichte III, 25 (4. Jahrhundert)
123 in der Tat

die Ketzer und falschen Bischöfe, welcher jedoch mehr in diesem Buche stehen als jener.

Im *vierten* und *fünften* Kapitel wird vorgebildet die ganze Christenheit, die solche zukünftigen Trübsale und Plagen leiden soll. Da sind 24 Älteste vor Gott (das sind alle Bischöfe und Lehrer einträchtig), mit dem Glauben gekrönet, die Christum, das Lamm Gottes, mit den Harfen loben, das ist, predigen, und mit Rauchfässern dienen, das ist, im Beten sich üben. Das alles zu Trost der Christen, daß sie wissen sollen, die Christenheit solle dennoch bleiben in künftigen Plagen.

Im *sechsten* gehen an die künftigen Trübsale. Und erstlich die leiblichen Trübsale, als da sind Verfolgung von der weltlichen Oberkeit, welche ist der gekrönete Reiter mit dem Bogen auf dem weißen Roß; item, Krieg und Blut, welche ist der Reiter mit dem Schwert auf dem roten Roß; item, teure Zeit und Hunger, welche ist der Reiter mit der Waage auf dem schwarzen Roß; item, Pestilenz und Drüse[124], welche der Reiter im Todesbilde auf dem fahlen Roß ist. Denn diese vier Plagen folgen gewiß allezeit über die Undankbaren und Verächter des Worts Gottes, neben andern mehr, Zerstörung und Änderung der Oberkeiten, bis an den jüngsten Tag, wie am Ende des sechsten Kapitels gezeiget wird, und die Seelen der Märtyrer solches auch treiben mit ihrem Geschrei[125].

Im *siebenten* und *achten* Kapitel gehet an die Offenbarung von geistlichen Trübsalen; das sind mancherlei Ketzerei. Und wird abermals vorher ein Trostbild gestellet, wo der Engel die Christen zeichnet und den vier bösen Engeln wehret, auf daß man abermals gewiß sei, die Christenheit werde auch unter den Ketzern fromme Engel und das reine Wort haben, wie auch der Engel mit dem Rauchfaß, das ist,

124 Pestbeule
125 bezeugen mit ihren Klagen

mit dem Gebet zeiget. Solche guten Engel sind die heiligen Väter, als Spyridon, Athanasius, Hilarius[126], und das Concilium Nicaenum und dergleichen.

Der erste böse Engel ist Tatianus mit seinen Enkratiten[127], welche die Ehe verboten, item, aus Werken fromm sein wollten wie die Juden. Denn die Lehre von Werkheiligkeit mußte die erste sein wider das Evangelium, bleibt auch wohl die letzte; nur daß sie immer neue Lehrer und andere Namen kriegt, wie Pelagianer etc.

Der zweite ist Marcion mit seinen Kataphrygern, Manichäern, Montanisten[128] etc., die ihre Geisterei rühmen über alle Schrift und fahren wie dieser brennende Berg zwischen Himmel und Erden, wie bei uns der Müntzer und die Schwärmer.

Der dritte ist Origenes[129], der durch die Philosophie und Vernunft die Schrift verbittert[130] und verderbet hat, wie bei uns die hohen Schulen bisher getan.

Der vierte ist Novatus mit seinen Katharern, welche die Buße versagten, und vor andern die reinsten sein wollten[131]. Der Art waren die Donatisten[132] hernach auch. Unsere Geistlichen aber sind schier alle viererlei. Die Gelehrten, welche die Historien wissen, werden dies wohl auszurechnen wissen; denn es wäre zu lang, alles zu erzählen und zu beweisen.

Im *neunten* und *zehnten* hebt sich der rechte Jammer an. Denn bisher die leiblichen und geistlichen Trübsale fast ein Scherz gewesen sind gegen diese künftigen Plagen. Wie

126 Kirchenväter des 3. Jahrhunderts
127 asketische Sekte des 2./3. Jahrhunderts
128 Pelagianer: Gegner Augustins, 5. Jahrh., Marcion, Montanismus: Gemeinschaften, die im 2. Jahrh. entstanden. Manichäer: ab 3. Jahrh.
129 alexandrinischer Theologe des 3. Jahrhunderts
130 ungenießbar gemacht
131 in Rom entstandene Sondergemeinschaft (vom 3. Jahrh. an)
132 4./5. Jh., in Afrika

223

auch der Engel am Ende des achten Kapitels selbst anzeiget: Es sollen drei Wehe kommen, welche Wehe sollen die andern drei, das ist, der fünfte, sechste, siebente Engel, ausrichten und damit der Welt ein Ende. Hier kommen beide, geistliche und leibliche Verfolgung, zusammen; derselbigen sollen drei sein. Die erste groß, die zweite noch größer, die dritte am allergrößesten.

So ist nun das erste Weh, der fünfte Engel, Arius[133], der große Ketzer, und seine Gesellen, der die Christenheit so greulich geplagt hat in aller Welt, daß wohl der Text hier sagt: Die frommen Leute wären lieber gestorben, als solches zu sehen; und haben doch solches müssen sehen, ohne zu sterben. Ja, er spricht, der Engel aus der Höllen, genannt Verderber[134], sei ihr König; als wollten sie sagen, der Teufel reite sie selbst. Denn sie nicht allein geistlich, sondern auch leiblich mit dem Schwert die rechten Christen verfolget haben. Lies die Geschichte von den Arianern, so wirst du diese Figur und Wort wohl verstehen.

Das andere Weh ist der sechste Engel, der schändliche Mahomed mit seinen Gesellen, den Sarazenen, welche mit Lehren und mit dem Schwert der Christenheit große Plage angelegt[135] haben. Neben und mit demselbigen Engel, damit solch Weh desto größer sei, kommt dazu der starke Engel mit dem Regenbogen und bittern Buche, das ist, das heilige Papsttum mit seinem großen geistlichen Schein. Die messen und fassen den Tempel mit ihren Gesetzen, stoßen den Chor[136] hinaus, und richten eine Larvenkirche[137] oder äußerliche Heiligkeit an.

Im *elften* und *zwölften* werden zwischen solchen bösen Wehen und Plagen zwei Trostbilder gestellet; eins von den

133 alexandrinischer Presbyter, 1. Hälfte des 4. Jahrh.
134 Übersetzung der Namen aus Kap. 9, 11.
135 angetan
136 Vorhof (Kap. 11, 2)
137 Scheinkirche

zwei Predigern, und eins von der schwangern Frau, die ein Knäblein ohne des Drachen Dank[138] gebiert. Damit angezeigt wird, daß dennoch etliche fromme Lehrer und Christen bleiben sollen unter den zwei vorigen Wehen und dem dritten künftigen Wehe. Und laufen nun die letzten zwei Wehe miteinander und greifen zugleich die Christenheit zur Letze[139] an, und der Teufel damit endlich dem Faß den Boden ausstößet.

So kommt nun im *dreizehnten* Kapitel (auf die Posaunen des letzten unter den sieben Engeln, der im Anfang des zwölften Kapitels bläset) desselbigen siebenten Engels Geschäft, das dritte Wehe, nämlich das päpstliche Kaisertum und kaiserliche Papsttum. Hier kriegt das Papsttum auch das weltliche Schwert in seine Gewalt und regiert nun nicht allein mit dem Buch im zweiten Wehe, sondern auch mit dem Schwert im dritten Wehe. Wie sie denn rühmen, daß der Papst beide, geistliches und weltliches Schwert, in seiner Macht habe. Hier sind nun die zwei Tiere: eins ist das Kaisertum, das andere mit den zwei Hörnern das Papsttum, welches nun auch ein weltlich Reich worden ist, doch mit dem Schein des Namens Christi. Denn der Papst hat das gefallene römische Reich wieder aufgerichtet, und von den Griechen zu den Deutschen gebracht[140]; und ist doch mehr ein Bild vom römischen Reich als des Reichs Körper selbst, wie es gewesen ist. Dennoch gibt er solchem Bilde Geist und Leben, daß es dennoch seine Stände, Rechte, Glieder und Ämter hat und gehet etlichermaßen im Schwang. Das ist das Bild, das wund gewesen und wieder heil geworden ist.

Was aber für Greuel, Wehe und Schaden solch kaiserlich Papsttum getan habe, ist jetzt nicht zu erzählen. Denn

138 gegen des Drachen Willen
139 zu guter Letzt
140 Übertragung des Kaisertums auf Karl den Großen (s. o. S. 223 Anm. 132)

erstlich ist die Welt durch sein Buch[141] voll worden aller Abgötterei mit Klöstern, Stiften, Heiligen, Wallfahrten, Fegfeuer, Ablaß, Unehe[142] und unzählig mehr Stücken der Menschenlehre und Werke etc. Zum andern, wer kann erzählen, wie viel Blut, Mord, Krieg und Jammer die Päpste haben angerichtet mit Selbst-Kriegen[143] und mit Reizen[144] der Kaiser, Könige, Fürsten untereinander? Hier gehet nun und läuft des Teufels letzter Zorn miteinander im Schwang: dort gegen Morgen[145] das andere Wehe, Mahomed und die Sarazenen, hier gegen Abend[146] Papsttum und Kaisertum mit dem dritten Wehe. Zu welchen, als zur Zugabe, der Türke, Gog und Magog, auch kommt, wie im zwanzigsten Kapitel folgen wird, und also die Christenheit in aller Welt und zu allen Seiten mit falschen Lehren und Kriegen, mit Buch und Schwert, aufs allergreulichste und jämmerlichste geplagt wird. Das ist die Grundsuppe[147] und die endliche[148] Plage. Darauf folgen nun fast eitel Trostbilder vom Ende solcher aller Wehe und Greuel.

Im *vierzehnten* Kapitel fängt an Christus zuerst mit dem Geist seines Mundes zu töten (wie S. Paulus sagt)[149] seinen Antichrist, und kommt der Engel mit dem Evangelio wider das bittere Buch des starken Engels. Und stehen nun wiederum Heilige, auch Jungfrauen um das Lamm her, und predigen recht. Auf welches Evangelium folget des zweiten Engels Stimme, daß die Stadt Babylon fallen soll und das geistliche Papsttum untergehen. Weiter folget, daß die

---

141 das kanonische Recht
142 erzwungene Ehelosigkeit/Zölibat
143 von ihm selbst geführten Kriegen
144 Aufreizen
145 im Osten
146 im Westen
147 der Bodensatz
148 letzte
149 2. Thess. 2, 8

Ernte gehalten wird und die, welche am Papsttum wider das Evangelium beharren, aus der Stadt Christi in die Kelter göttlichen Zorns geworfen werden. Das ist, durchs Evangelium werden sie, als von der Christenheit abgesondert, verurteilt zum Zorn Gottes. Welcher ist viel, und die Kelter gibt viel Bluts. Aber vielleicht mag doch wohl etwa eine redliche Strafe und Urteil vorhanden sein[150] über unsere Sünden, die über die Maßen und überreif sind.

Darnach im *fünfzehnten* und *sechzehnten* Kapitel kommen die sieben Engel mit den sieben Schalen; da nimmt das Evangelium zu und stürmet das Papsttum an allen Enden durch viele gelehrte fromme Prediger und wird des Tieres Stuhl, des Papstes Gewalt, finster, unselig und verachtet. Aber sie werden alle zornig und wehren sich getrost. Denn es gehen drei Frösche, drei unsaubere Geister aus des Tieres Maul, reizen damit die Könige und Fürsten wider das Evangelium. Aber es hilft nicht; ihr Streit geschieht doch zu Harmagedon. Die Frösche sind die Sophisten, wie Faber, Eck, Emser[151] etc., die viel quaken wider das Evangelium, und schaffen doch nichts und bleiben Frösche.

Im *siebzehnten* Kapitel wird das kaiserliche Papsttum und das päpstliche Kaisertum ganz von Anfang bis ans Ende in ein Bild gefasset, und gleich in einer Summa vorgestellt, wie es nichts sei (denn das alte römische Reich ist längst dahin), und sei doch (denn es sind ja etliche Länder und dazu die Stadt Rom auch noch da). Solch Bild wird hier vorgestellet, gleichwie man einen Übeltäter öffentlich vor Gericht stellet, daß er verurteilt werden soll; auf daß man wisse, wie dies Tier soll nun bald auch verdammt und, wie S. Paulus saget[152], durch die Erscheinung der Zukunft[153]

---

150 bevorstehen
151 scholastische Theologen, Gegner Luthers
152 2. Thess. 2, 8
153 Wiederkunft

unsers Herrn zerstöret werden. Welches fangen an, wie er im Text sagt, auch des Papsttums Schutzherren, die es jetzt so schützen, daß die Geistlichen gar schier nacket sitzen werden.

Im *achtzehnten* gehet nun an solche Zerstörung und geht die herrliche große Pracht zu Boden, und hören auf die Stifträuber und Pfründendiebe, die Kurtisanen[154]. Denn auch Rom hat darum müssen geplündert und durch ihren eigenen Schutzherrn gestürmet werden[155], zum Anfang der endlichen[156] Zerstörung.

Dennoch lassen sie nicht ab, suchen, trösten, rüsten und wehren sich; und, wie er hier sagt im *neunzehnten* Kapitel, nun sie mit der Schrift und Büchern nicht mehr können, und die Frösche ausgequakt haben, greifen sie mit Ernst dazu und wollen's mit Gewalt ausführen, sammeln Könige und Fürsten zum Streit. Aber sie laufen an[157]. Denn der auf dem weißen Rosse, der Gottes Wort heißet, der gewinnet, bis beide, Tier und Prophet, ergriffen und in die Hölle geworfen werden.

Indes nun solches alles gehet, kommt im *zwanzigsten* Kapitel auch herzu der Letzetrank[158], Gog und Magog, der Türke, die roten Juden[159], welche der Satan, der vor tausend Jahren gefangen gewesen ist und nach tausend Jahren wieder los worden, bringet. Aber sie sollen mit ihm auch bald in den feurigen Pfuhl. Denn wir achten, daß dies Bild, als ein sonderliches von[160] den vorigen, um der

---

154 Höflinge

155 Sacco di Roma durch kaiserliche Truppen, 1527

156 endgültigen

157 rennen sich den Kopf ein

158 Abschiedstrank

159 Die Türken (Mohammedaner überhaupt) stimmen nach Luther in den entscheidenden Punkten ihrer Lehre (Monotheismus, aber Ablehnung des Glaubens an die Trinität und Christus) mit den Juden überein.

160 gegenüber

Türken willen gestellet sei, und die tausend Jahr anzufangen sind um die Zeit, da dies Buch geschrieben ist, und zur
selbigen Zeit auch der Teufel gebunden sei. Doch muß die
Rechnung nicht so genau alle Minuten treffen[161]. Auf die
Türken folgt nun flugs das jüngste Gericht, am Ende
dieses Kapitels, wie Dan. 7 (7. 8) auch zeiget.

Zuletzt im *einundzwanzigsten* wird der endliche Trost
gebildet, daß die heilige Stadt soll vollends bereitet und als
eine Braut zur ewigen Hochzeit geführet werden, daß
Christus alleine Herr sei und alle Gottlosen verdammt samt
dem Teufel in die Hölle fahren.

Nach dieser Auslegung können wir dies Buch uns zunutze machen und wohl gebrauchen. Erstlich, zur Tröstung,
daß wir wissen, daß keine Gewalt noch Lüge, keine
Weisheit noch Heiligkeit, kein Trübsal noch Leid werden
die Christenheit unterdrücken, sondern sie soll endlich den
Sieg behalten und obliegen. Zum andern, zur Warnung
wider das große, gefährliche, mannigfaltige Ärgernis, das
sich begibt an der Christenheit. Denn weil so mächtige
Gewalt und Schein sollte wider die Christenheit fechten
und sie ganz ohne alle Gestalt unter so viel Trübsalen,
Ketzereien und andern Gebrechen verborgen sein, ist's der
Vernunft und Natur unmöglich, die Christenheit zu erkennen; sondern sie fällt dahin und ärgert[162] sich an ihr, heißt
das christliche Kirche, welches doch der christlichen Kirche
ärgeste Feinde sind, und wiederum heißet das verdammte
Ketzer, die doch die rechte christliche Kirche sind, wie
bisher unter dem Papsttum, Mahomed, ja bei allen Ketzern
geschehen ist. Und verlieren also diesen Artikel: Ich glaube
eine heilige christliche Kirche. Gleichwie auch jetzt etliche

---

161 Die 1000 Jahre der Gebundenheit des Satans (Off. 20, 2) rechnet Luther
offenbar bis zur Gründung des Osmanenreichs, das er mit Albrecht I. (1298 bis
1308) gleichsetzt. (Vgl. seine Geschichtstafel Supputatio annorum mundi WA
53, 161 f.). Die Ungenauigkeit ist ihm bewußt.

Klüglinge tun, weil sie Ketzerei, Zwietracht und mancherlei Mangel sehen, daß viel falsche, viel lose Christen sind, urteilen sie flugs und frei, es seien keine Christen da. Denn sie haben gehöret, daß Christen sollen ein heilig, friedsam, einträchtig, freundlich, tugendreich Volk sein; demnach meinen sie, es dürfe kein Ärgernis, keine Ketzerei, kein Mangel, sondern eitel Friede und Tugend da sein.

Diese sollten dies Buch lesen und lernen, die Christenheit mit andern Augen als mit der Vernunft ansehen. Denn dies Buch (meine ich) zeige ja genug greuliche, ungeheure Tiere, scheußliche, feindselige Engel, wüste und schreckliche Plagen. Ich will der andern großen Gebrechen und Mängel schweigen, welche doch allzumal sind in der Christenheit und unter den Christen gewesen, so daß freilich alle Vernunft unter solchem Wesen die Christenheit hat müssen verlieren. Wir sehen ja hier klar, wie viel grausames Ärgernis und Mangel vor unsern Zeiten gewesen sind, da man doch meinet, die Christenheit habe am besten gestanden, so daß unsere Zeit ein goldenes Jahr gegen jene wohl zu rechnen wäre. Meinst du nicht, die Heiden haben sich auch daran geärgert und die Christen für mutwillige, lose, zänkische Leute gehalten?

Es ist dies Stück (»Ich glaube eine heilige christliche Kirche«) ebensowohl ein Artikel des Glaubens als die andern. Darum kann sie keine Vernunft, wenngleich sie alle Brillen aufsetzt, erkennen. Der Teufel kann sie wohl zudecken mit Ärgernissen und Rotten[163], daß du dich müssest dran ärgern. Ebenso kann sie Gott auch mit Gebrechen und allerlei Mangel verbergen, daß du mußt darüber zum Narren werden und ein falsch Urteil über sie fassen. Sie will nicht ersehen, sondern erglaubt sein. Glaube aber ist von dem, das man nicht siehet, Hebr. 11 (1). Und

162 nimmt Anstoß
163 Sekten

sie singet mit ihrem Herrn auch das Lied: »Selig ist, der sich nicht ärgert an mir.«[164] Es ist ein Christ auch wohl sich selbst verborgen, daß er seine Heiligkeit und Tugend nicht siehet, sondern eitel Untugend und Unheiligkeit siehet er an sich. Und du grober Klügling wolltest die Christenheit mit deiner blinden Vernunft und unsaubern Augen sehen?

Summa, unsere Heiligkeit ist im Himmel, wo Christus[165] ist, und nicht in der Welt, vor den Augen, wie ein Kram auf dem Markt. Darum laß Ärgernis, Rotten, Ketzerei und Gebrechen sein und schaffen, was sie vermögen. Wenn allein das Wort des Evangelii bei uns rein bleibt und wir's lieb und wert haben, so sollen wir nicht zweifeln, Christus sei bei und mit uns, wenn's gleich aufs ärgste gehet; wie wir hier sehen in diesem Buch, daß Christus durch und über alle Plagen, Tiere, böse Engel dennoch bei und mit seinen Heiligen ist und endlich obliegt.

164 Matth. 11, 6
165 Phil. 3,20

Luther Deutsch

Die Werke Martin Luthers in neuer Auswahl für die Gegenwart.
10 Bände und Registerband. Herausgegeben von **Kurt Aland.**
Zusammen 4.270 Seiten, kartoniert in Kassette oder gebunden

Band 1: **Die Anfänge** / Band 2: **Der Reformator** / Band 3: **Der
neue Glaube** / Band 4: **Der Kampf um die reine Lehre** /
Band 5: **Die Schriftauslegung** / Band 6: **Kirche und Gemeinde** / Band 7: **Der Christ in der Welt** / Band 8: **Die Predigten** /
Band 9: **Tischreden** / Band 10: **Die Briefe** / Registerband, be-
arbeitet von Michael Welte.

„Aus fast zweihundert Schriften Luthers sind alle wesentlichen
Teile ausgewählt und fachkundig erläutert. Luther wird nicht
nur mit seinen bekannten reformatorischen Schriften vorgestellt. Alle Schriften tragen ein Sprachgewand, das dem Menschen von heute verständlich ist, ohne daß das Sprachkolorit
Luthers dabei verlorenginge. Der Registerband erschließt den
Inhalt der Bände in ausführlichen Registern, nach Sachgegen-
ständen, Bibelstellen, Personen und Orten aufgefächert. Eine
Übersicht über Luthers Schriften in chronologischer Aufrei-
hung beschließt das Werk."

Theologische Beiträge

Vandenhoeck & Ruprecht · Göttingen/Zürich